新时代首都发展战略研究丛书
总主编　张东刚

超大城市治理的北京探索

李文钊◎著

中国人民大学出版社
·北京·

国家社科基金重大项目“超大城市治理的理论和路径研究”

（22&ZD172）阶段性成果

总 序

党的十八大以来，习近平总书记先后11次视察北京、21次对北京发表重要讲话（截至2024年1月），提纲挈领式地回答了“建设一个什么样的首都、怎样建设首都”这一重大时代课题，为更好地推进首都北京各项工作，有效聚焦首都北京的深入研究，梳理总结以“中国之治”构筑“世界之鉴”之路指明了方向，提供了根本遵循。习近平总书记指出：“建设和管理好首都，是国家治理体系和治理能力现代化的重要内容。北京要立足优势、深化改革、勇于开拓，以创新的思维、扎实的举措、深入的作风，进一步做好城市发展和管理工作，在建设首善之区上不断取得新的成绩。”北京作为大国之都、首善之区，在全国乃至全球范围内发挥着引领示范效应，她因“都”而立、因“都”而兴、因“都”而盛，向全世界展示着超大城市治理和人民城市建设的“首都样板”。

沿循习近平总书记系列指示精神，首都北京的治理体系和治理能力现代化步伐迈得愈加坚定与沉稳。新发展理念得到完整、准确、全面贯彻，“四个中心”功能建设大力加强，“四个服务”水平稳步提高，“三件大事”和三大攻坚战落地有痕，“五子”联动服务和融入新发展格局成效显著，党建引领“接诉即办”改革有力推进，率先全面建成小康社会，城市综合实力和国际影响力跃上新台阶，向着国际一流的和谐宜居之都迈出坚实步伐，新时代首都发展呈现蓬勃生机，首都北京发生新的历史性变化。我们认为，从“北京发展”至“首都发展”，体现出北京在历史性跨越与变革中生动践行着服务党和国家发展战略大局的“首都使命”，北京发展的深刻转型体现出超大城市治理体系和治理能力现代化的高质量提升，凸显了首都全面建设社会主义现代化的新航程已正式开启。我们也相信，在“踔厉奋发、勇毅前行”的精神鼓舞和信仰感召下，首善标准、首都样板势必会被赋予更加科学的切实含义，其可参考性、可借鉴性与可推广性将愈加凸显。

行之力则知愈进，知之深则行愈达。从理论的维度、实践的维度、功能的维度、世界的维度出发，通过抓住关键小事、捕捉重要元素、厘定核心概念、抽取典型案例，以历史的眼光回眸过去，梳理总结首都发展的漫长来路，以现实的眼光审视当下，提取凝练首都发展的典型经验，以前瞻的眼光畅望未来，谱写勾画首都发展的光明前景，充分理解新时代新征程首都发展的目标定位与多维内涵。针对首都北京的历史传统、发展特色、愿景目标进行深入研究，并以研究与实践为切入口，不断挖掘“北京资源”，更好满足人民群众日益增长的美好生活需要，推广“北京做法”，引领城市建设的时代风尚，深入讲好“北京故事”，展现大国之都的特色风采。

中国人民大学首都发展与战略研究院（以下简称“首发院”）是首都高端智库首批试点建设单位之一，一直把“服务首都、引领发展”作为研究院的重大使命，立足“两个大局”、胸怀“国之大者”、心系“民之所向”，紧紧围绕“建设一个什么样的首都、怎样建设首都”这一重大时代课题，聚焦“强化首都功能研究”与“首都城市治理研究”两大特色研究，始终坚持奋进理念，致力于打造北京市委市政府信得过、用得上的高端智库，在推动学校智库研究与北京社会经济发展需求相结合方面，取得了可喜成绩。策划与出版“新时代首都发展战略研究丛书”（以下简称“丛书”），是首发院主动为党和人民述学立论、主动融入首都北京经济社会发展、主动服务首都新发展格局勇当研究排头兵的重要举措。

组织撰写这套丛书，旨在围绕习近平新时代中国特色社会主义思想在京华大地落地生根、开花结果和形成的生动实践进行研究，强化与人民的对话、与世界的对话，深化“首都样板”的可见性与可感性，增强“中国故事”的广域性与纵深性，在推动首都发展“理论突破”与“实践创新”中实现双重使命共前进，为打造集国家要事与群众关切、融中国特色与国际视野于一体的“北京名片”贡献新的力量，在首都北京全面建设社会主义现代化的新航程中留下浓墨重彩的一笔。丛书已被列入首发院五年发展规划，首发院将汇聚中国人民大学“独树一帜”的人文社会科学学科优势，全力打造好这套丛书，切实以研究服务好首都北京经济社会发展。

首先，作为思想引领的“践行者”，首发院始终坚持旗帜鲜明讲政治，坚定不移地贯彻落实习近平总书记关于北京工作的重要论述及北京市委市政府重大战略决策。策划这套丛书，旨在提交一份全面反映首都北京经济社会发展客观实际、全面跟踪首都北京率先基本实现现代化历程、全面推进“党建引领接诉即办改革”赋能超大城市治理经验的“行动答卷”。其次，作为咨政服务的“供给者”，首发院的研究以兼具现实性与前瞻性、针对性与普适性、宏观性与微观性的眼光，科学探究首都发展战略走向，在新时代、新征程、新伟业中，对于首都发展新变化、新态势进行全面描摹与深度刻写。丛书是首发院系列成果之一，是绘就首都高质量发展的可资参考、可供借鉴的“研究答卷”。再次，作为推动“智库建设 & 学科发展”协同并进的“探索者”，首发院以首都北京为场景，通过学科交叉、创新融合、孵化培育等方式，倡导“共商共建、共治共享”的新型研究范式，充分激发学术理论认知与社会实践经验的双向互动效应，助力“打造我国人文社会科学研究和教学领域的重要人才中心和创新高地”。丛书是在学校“独树一帜、勇走新路”的理念指引下，紧跟“加快构建中国特色哲学社会科学”“建构中国自主的知识体系”

的使命召唤，致力于打造集结理论前沿与实践范例、唱响首都经验与中国故事的高端“学术答卷”。

积跬步，以至千里；积小流，以成江海。面向新时代、新征程、新伟业，丛书既是对首都发展特定领域的局部深描，亦是对首都发展战略全景的整体刻写，既着眼于国家“五位一体”总体布局、北京“四个中心”功能定位“大范畴”，又聚焦于“财税北京”“慈善北京”“乡愁北京”“风俗北京”“康养北京”“科创北京”等“小议题”，全方位、多角度、深层次展现了首都治理体系和治理能力现代化图卷。“北京精神”“北京经验”“北京样本”“北京方案”等一系列原本模糊、抽象的概念在其中被赋予了具象而微、切实可感的含义，“建设一个什么样的首都、怎样建设首都”的答案亦由此变得更加明晰化、透彻化。我们希望这套丛书能够成为厚积薄发的沉淀之作。多年来，首发院细化领域、细分问题，先后打造首都发展高端论坛、北京经济论坛、首都治理论坛、首都文化论坛等品牌活动，产出成果丰硕，赋能首都北京高质量发展，这为丛书的主题新颖性、内容充实性奠定了坚实基础。我们希望这套丛书能够成为跨学科研究的引领之作。首发院现有 10 个核心研究团队、75 名兼职研究人员，涉及理论经济、应用经济、公共管理、法学、政治学、社会学、新闻传播学、农林经济管理、统计学等 9 个一级学科，有着天然的多学科对话、多领域交流、多学者共事的氛围，为丛书脱离单一局限视角、研究触角广涉多面奠定了坚实基础。我们希望这套丛书能够成为鉴往知来的创新之作。首发院始终与首都发展同频共振，主动承担为时代画像、为时代立传、为时代明德的时代使命，主动承担把握思想脉搏、满足发展需求、增进社会共识的时代任务，在这个平台上围绕首都发展现代化涌现出一系列新声音、新思想，为丛书践行习近平总书记特别强调的“知识创新、理论创新、方法创新”奠定了坚实基础。

服务于首都全面建设社会主义现代化的新航程，希望丛书能够成为谱写首都发展的时代宣言书、首都发展的咨政参考集、首都发展的研究典范集。以中国为观照、以时代为观照，立足中国实际，解决中国问题，彰显好北京形象、讲好北京故事、说好北京话语，无负时代、无负历史、无负人民。

是为序。

中国人民大学党委书记
首都发展与战略研究院院长　张东刚

2024年1月

前　言

人类正在从农业文明向工业文明、后工业文明转型，与之相伴随的是城市取代乡村成为人类活动的主要场域，工业文明和后工业文明主要在城市展开，城市成为人类文明的空间载体。城市让人的生活更美好，这既是人类对城市的想象，也是人类持续追求的目标。城市完全是人类创造的大型人工品①，它依托自然，但是又以与自然完全不同的形态呈现，涉及政治、经济、社会、文化和生态等不同子系统，这使得城市与乡村具有完全不同的特征。因此，对于大国治理而言，需要分别对其城市和乡村进行治理，并且需要处理好城市与乡村之间的关系，尤其是人在城市与乡村之间的流动问题。城市化正成为各国现代化的趋势，人口向城市集中，绝大多数人在城市中实现生产、生活和传承。城市兴则国家兴，城市发展则国家发展。

破解“城市病”，打造宜居、韧性和智慧的城市治理体系，提升城市治理效能，让生活在城市中的人感受到幸福，这是世界各国共同面临的城市治理难题。《超大城市治理的北京探索》一书代表了对这一议题的思考，它以超大城市为研究对象，聚焦于探讨超大城市发展治理何为，超大城市治理的新路何以可能，如何建构让人生活更美好的超大城市治理体系，真正实现“人民城市为人民，人民城

① 本书从技艺—人工品的范式出发理解城市，这一思想可以追溯到休谟有关自然物和人工物的区别。这里的人工品主要是突出城市的目的性以及人类为构造城市所付出的努力，关于技艺—人工品范式在介绍概念框架时会进行详细阐述。

市人民建”。本著作提出了基于界面治理理论的超大城市治理分析框架，认为超大城市治理需要关注其内部结构、多层次嵌套界面体系、功能、价值、制度、技术和外部环境等要素，而让人民生活幸福是其最终价值追求。接下来，我们将围绕超大城市的兴起及其治理需求、理解超大城市治理的概念框架、超大城市治理的核心议题、超大城市治理的北京实践、全书的结构和内容等五部分内容进行具体阐述，尝试将分析框架建构、理论阐述和案例研究三者统一，为建构中国自主的超大城市治理知识体系贡献智慧，并推动中国超大城市治理体系和治理能力现代化。

一、超大城市的兴起及其治理需求

城市是人类所创造的人工品，因规模不同而被划分为不同的类型，其中超大城市因其超级规模、超级体量和超级复杂而具有更大的治理难度。根据国务院 2014 年印发的《关于调整城市规模划分标准的通知》，中国城市被划分为小城市、中等城市、大城市、特大城市和超大城市等五类七档，其划分依据主要是城区常住人口数量，其中超大城市的人口规模为 1 000 万以上[①]。从这个意义看，城市类型就是人类建构的结果，它是对城市人工品的进一步细分。中国的城市化进程正在加速，更多的人口从农村向城镇转移。2023 年 1 月 17 日，国家统计局发布的数据显示，2022 年末城镇常住人口 92 071 万人，比上年末增加 646 万人；乡村常住人口 49 104 万人，减少 731 万人；城镇人口占全国人口比重（城镇化率）为 65.22%，比上年末提高 0.50 个百分点。2023 年 10 月，住房城乡建设部发布《中国城

---

① 《关于调整城市规模划分标准的通知》以城区常住人口为统计口径，将城市划分为五类七档。城区常住人口 50 万以下的城市为小城市，其中 20 万以上 50 万以下的城市为Ⅰ型小城市，20 万以下的城市为Ⅱ型小城市；城区常住人口 50 万以上 100 万以下的城市为中等城市；城区常住人口 100 万以上 500 万以下的城市为大城市，其中 300 万以上 500 万以下的城市为Ⅰ型大城市，100 万以上 300 万以下的城市为Ⅱ型大城市；城区常住人口 500 万以上 1 000 万以下的城市为特大城市；城区常住人口 1 000 万以上的城市为超大城市。（“以上”包括本数，“以下”不包括本数。）

市建设统计年鉴2022》，其中指出全国共有超大城市10个，分别是上海、北京、深圳、重庆、广州、成都、天津、东莞、武汉、杭州。从人口统计数据看，全国十分之一左右的人在超大城市生活，超大城市治理水平直接影响民众的生活品质。要实现对超大城市的有效治理，就需要应对超大城市所面临的“大城市病”等难题和挑战，如外来人口和户籍制度难题、城中村治理难题、城乡协同治理难题、城市群治理难题、城市衰败和更新治理难题、城市老旧小区改造治理难题、城市基层治理难题等。

超大城市治理是国家治理的重要组成部分，提升超大城市治理效能是国家对超大城市治理的要求。超大城市中的人口超规模聚集、人员跨区域流动、复杂子系统、风险的聚集性、创新的丰富性到底是财富还是负担，取决于超大城市治理体系和治理能力现代化水平。因此，如何践行“人民城市为人民，人民城市人民建”的理念，如何统筹超大城市空间、规模、产业三大结构，统筹超大城市规划、建设、管理三大环节，统筹超大城市改革、科技、文化三大动力，统筹超大城市生产、生活、生态三大布局，统筹超大城市政府、社会、市民三大主体，统筹超大城市的发展和安全，如何探索一条有中国特色的超大城市治理的新路，是中国超大城市治理的“大问题”[①]。2017年，习近平总书记考察北京时指出：“北京要探索构建超大城市治理体系，这也是国家治理体系和治理能力现代化对北京提出的要求。”2020年，习近平总书记在湖北考察时指出：“城市是生命体、有机体，要敬畏城市、善待城市，树立‘全周期管理’意识，努力探索超大城市现代化治理新路子。”之所以超大城市治理在国家治理体系中具有十分重要的位置，关键是因为其具有引领性、试验性和基础性作用。超大城市治理具有引领性，它是其他城市进行治理经验学习和借鉴的标杆。超大城市治理具有试验性，它是城市治

① 中共中央党史和文献研究院．习近平关于城市工作论述摘编．北京：中央文献出版社，2023.

理创新和变革的实验室。超大城市治理具有基础性，它是国家治理的压舱石。由此可见，超大城市治理现代化具有非常现实和紧迫的需求，它要求我们尽快找到实现超大城市有效治理的路径。没有理论，现实是杂乱无章的；没有实践，理论是空洞无物的。要探索超大城市治理的新路，我们就需要在分析框架建构、问题诊断和现实优化方面持续发力。接下来，我们将首先介绍理解超大城市治理的概念框架和核心议题，随后针对北京实践案例进行阐述。

二、理解超大城市治理的概念框架

超大城市治理是对人工品的治理，它是治理设计者和行动者互动的结果[①]。理解超大城市治理，既需要从超大城市治理设计者的意图出发，也需要考虑行动者的动机、想法和偏好。设计者和行动者通过规则、命令和契约来进行相互调适，治理结果可能符合预期，也可能不符合预期。无论是超大城市治理的设计者，还是超大城市治理的行动者，都会根据绩效对自身行为进行调整。这是一个“设计—互动—结果—反馈—再设计”循环往复的过程。超大城市治理的设计者和行动者都会有自己的“心智模型”，要解决超大城市治理面临的难题，我们就需要建构超大城市治理的本体论框架，以实现对超大城市治理的认知、诊断和优化，从而推动超大城市治理体系和治理能力现代化[②]。超大城市治理的本体论框架是对影响超大城市治理的各种要素的总结，它可以提供一种有利于诊断问题、分析原因和提出建议的元语言。对于研究者而言，本体论框架可以帮助他们提出研究问题和发现理论；对于实践者而言，本体论框架可以帮助他们改进工作和提升绩效。本体论框架也会根据设计者和行动者的实践而不断演化，它自身的演化也是一个动态适应和调整的过程。

① Ostrom V. Artisanship and artifact. Public administration review，1980，40（4）.

② Ostrom E. A diagnostic approach for going beyond panaceas. Proceedings of the National Academy of Sciences，2007，104（39）.

对于作为人工品治理的超大城市治理而言，概念框架既是超大城市治理的材料和填充物，又是理解超大城市治理的分析工具。多层次嵌套界面治理体系是理解超大城市治理的本体论框架，这一框架的核心是基于界面治理来研究超大城市治理，界面是超大城市治理的分析单位，多层次嵌套界面治理体系是对超大城市治理的整体描述。界面是超大城市治理的分析单位，这意味着界面是治理人工品的核心要素，以界面为支撑，就可以对治理人工品的整体有清晰认知。界面治理构成了研究超大城市治理的基础，它需要关注界面、内部结构、功能和环境等四个要素，以此为基础探索行为和绩效，并最终理解超大城市何以治理这个根本性问题。多层次嵌套界面治理体系既需要关注界面治理本身，又需要关键界面之间联结形成新的界面治理，子界面治理嵌套在界面治理之中，界面治理嵌套在更高层次界面治理中，具体关注哪一个界面取决于分析者的兴趣和所研究的问题。因此，层次性、嵌套性和互动性是界面治理的关键特征，也是超大城市治理运行的复杂系统逻辑。对于理解超大城市治理而言，首先需要寻找超大城市的界面，随后思考治理界面能否实现预期目标。界面的改革、重组、整合和替代是超大城市治理创新的表现形式，也是应对超大城市治理问题的解决之道。当然，超大城市治理创新也可以通过目标调整、内部结构改革和与环境互动等方面来进行，这是从界面治理理解超大城市治理创新的核心思想。任何界面都处于界面体系之中，这意味着一个作为独立分析单位的界面可能是更高层次界面的构成要素和内部结构，处理多层次治理界面的关系也是超大城市治理所需要应对的核心议题。

对于超大城市的治理界面，至少可以从横向和纵向两个维度进行分类。从横向的角度看，超大城市的治理界面可以划分为经济界面、政治界面、社会界面、生态界面、文化界面等，它是依据超大城市治理所处理的议题来进行界面建构的。从纵向的角度看，超大城市的治理界面还可以分为子系统界面、系统界面和区域系统界面等，它是依据超大城市治理所处理问题的层次来进行界面建构的。横向维度的界面建构和纵向维度的界面建构是嵌套关系：一方面，横向维度的治理界面在其内部也可以进行层次划分，这是从纵向维度来理解横向维度的治理界面，例如经济界面中的人工智能产业界面等；另一方面，纵向维度的治理界面在其内部也可以进行功能划分，这是从横向维度来理解纵向维度的治理界面，如区域系统界面中的环境界面、产业界面、公共服务界面等。随着数字化时代的到来，超大城市治理会发生深刻变革，其界面也需要实现数字化转型，数字界面可能会成为未来超大城市治理的重要载体。随着超大城市治理的实践不断演进，新的治理界面会陆续生成，界面的生成、演进和消亡会成为超大城市治理的常态。

三、超大城市治理的核心议题

界面是从哪里来的，超大城市治理应该关注什么样的界面，是超大城市界面治理需要回答的关键问题。本书主要是从问题出发来思考超大城市治理，并尝试将界面治理的分析框架应用于城市问题分析，形成一系列超大城市治理需要处理的核心议题。人类的观念和实践在不断演进，超大城市所面临的议题也在不断发展变化。新议题产生的过程，也是新界面生成的过程，议题与界面协同共生。有一些议题会长期存在，这些议题所形成的界面会持续发挥作用。而一些议题则会随着城市问题的变迁而变化，这些议题所形成的界面也会呈现周期性特点。无论是问题还是议题，都会受到资源约束的影响，这使得城市治理界面不会无限扩大，它会有上限约束。同样，考虑到个人兴趣、偏好、能力和时间限制，研究者不可能在一本著作中呈现所有议题，必须要进行取舍。尽管如此，我们仍然可以列出一些超大城市治理所面临的重要议题，这些议题是界面治理的基础。当我们能够基本穷尽超大城市治理的核心议题时，超大城市治理的本体论框架就建立起来了，这一本体论框架是积累知识、诊断问题、推进交流和促进发展的元语言基础。以下是我们认为在超大城市治理领域中需要关注的核心议题。这些议题所形成的治理都会以界面呈现，并且通过界面来实现。

一是超大城市的战略议题及其界面治理。任何超大城市的治理都会涉及一些根本性、基础性和战略性议题，它们会决定超大城市发展的方向、重点、目标和举措，甚至会决定城市的命运。好的战略会让一个城市兴起，坏的战略会让一个城市衰败，城市的长青依赖于战略的不断调整并取得成效。这类战略议题通常涉及城市发展战略定位，并以规划的形式呈现，涉及认知和理念问题，与历史和文化等相关联，是中央要求和超大城市发展相互作用的产物。围绕超大城市的战略议题，可以对超大城市的战略治理、规划治理、认知治理、价值治理、形象治理等进行深入研究。

二是超大城市的横向和纵向议题及其界面治理。超大城市作为复杂系统，具备可分解性和层次性的特征，这使得超大城市治理需要处理横向议题、纵向议题以及横向和纵向交互所形成的网络议题。横向议题是按照领域和功能对超大城市议题进行的分类，它体现了超大城市治理横向专业化分工的过程；纵向议题是按照层次和区域对超大城市议题进行的分类，它体现了超大城市治理纵向专业化分工的过程。围绕超大城市的横向和纵向议题，可以对超大城市的安全治理、民生治理、社会治理、基层治理、文化治理、生态治理、发展治理、政治治理、风险治理、数据治理、街道治理、区域治理、跨区域治理等进行深入研究。这些治理背后还会涉及一些更为具体领域的治理，如医疗治理、卫生治理、教育治理、人才治理、养老治理、科技治理、消费治理、创新治理、产业治理、污染治理、交通治理等。

三是超大城市的自身议题、政民互动议题及其界面治理。超大城市治理既涉及外部治理，即对城市公共物品或公共事务的实质性治理，又涉及自身治理，即对城市政府部门运行的治理，主要体现为政府资源的配置过程，此外还涉及政府和民众互动的过程。自身议题是对政府自身的管理，它涉及界面的内部结构，其本身也可以视为一个治理界面。可以对超大城市的财政治理、人事治理、技术治理、跨部门治理、运行治理、绩效治理、负担治理、民主治理、协商治理等进行深入研究，这些议题治理是横向和纵向治理的基础。政民互动议题是对政府和民众交往的关注，它涉及政府如何回应民众的需求，可以对热线治理、诉求治理、信访治理、信息治理、沟通治理等进行深入研究，这些议题治理是未来超大城市治理的重要发展方向。

四、超大城市治理的北京实践

本书以北京市的治理实践作为案例，结合界面治理理论，围绕超大城市治理所面临的核心议题讨论超大城市的治理之道，以期实现分析框架建构、理论阐述和案例研究三者统一。分析框架和案例研究两者相互促进，案例研究在分析框架的支撑下能够提供累积性知识增长，分析框架因为案例研究而进一步提高内部效度和外部效度。分析框架和案例研究之间以理论作为桥梁，无论是案例研究还是分析框架，最终都是为了进行理论发现和创造。从 2014 年开始，作为超大城市的北京开启了治理变革，它正在以新的理念重构超大城市系统，以实现建设国际和谐宜居之都的治理目标。通过超大城市的多层次嵌套界面体系的分析框架，我们可以对首都北京的治理变革实践有更深入的认知，厘清其变革背后的逻辑。反过来，北京又提供了一个理解超大城市多层次嵌套界面体系分析框架的典型案例，它为超大城市治理的知识和智慧积累提供了丰富的素材。

北京市的超大城市治理变革是由战略目标驱动的系统性、全面性和整体性变革，它是一个超大城市多层次界面治理体系重构的过程，正在对北京发展产生广泛而深远的影响。北京市的超大城市治理变革是从战略目标调整开始的，旨在回答北京这座城市的发展目标是什么，什么是这座城市应该追求的方向。“四个中心”战略定位的提出，使得北京所有的城市治理议题都需要围绕建设全国政治中心、文化中心、国际交往中心和科技创新中心展开，而所有不符合这些战略定位的功能都需要进行疏解，这使得疏解非首都功能成为北京城市治理的首要议题。疏解非首都功能是超大城市治理界面消解的过程，需要通过删除治理界面来实现发展目标，这是从否定性角度来实现界面治理。与此同时，北京还需要围绕“四个中心”战略定位以及“四个服务”的职责使命，来对超大城市治理界面进行重构，以新的治理界面体系满足新的功能定位，并最终实现城市治理目标。从这个意义上看，超大城市的战略定位会引发超大城市治理的结构性调整，这一调整最终会在空间中得以呈现，空间治理变革是战略定位的支撑。北京对超大城市治理进行的系统性变革通过规划治理的方式集中呈现，这也使得规划治理界面的重构成为超大城市治理变革的重要组成部分，而这种战略变革和规划变革的协同也可能成为超大城市治理系统变革的新路径。

北京推进超大城市治理的系统变革最终通过一系列议题来展开，有些是否定性问题解决变革，有些是肯定性推动发展变革，它们涉及北京城市治理的方方面面。事实上，任何宏大的变革都要在日常生活中体现，从城市议题变革开始，通过一系列要素和子系统改革来实现系统变革。北京围绕“四个中心”战略定位和“四个服务”的职责使命，开启了一系列的变革，包括：(1) 对“大城市病”进行回应，涉及污染治理、交通治理、住房治理等领域，切实让民众感觉到宜居，这是对超大城市问题议题的建构；(2) 提出“新时代首都发展”的命题，通过“五子”联动来推动首都发展，这是对超大城市发展议题的建构；(3) 围绕“七有”“五性”来改善民生，切实提升民众的获得感、幸福感和安全感，这是对超大城市民生议题的建构；(4) 依托 12345 市民服务热线对市民诉求快速回应、高效办理、及时反馈和主动治理，切实提升政府的回应水平，这是对超大城市互动议题的建构。这些变革只是北京超大城市治理的一部分，它们形成了北京超大城市治理的核心议题。由于议题是问题驱动的，因此不同城市所面临的问题不同，其城市治理的议题也会有差异，这是超大城市治理多样性的基础。正是因为不同超大城市治理所面临的议题不同，所以不同城市可以相互学习。这也是框架和实践的区别，框架包含一般性要素，而实践则是要素与情景相结合的产物，两者可以协同演进。本书正是要依托分析框架对其中部分议题进行阐述，我们希望很好地平衡分析框架建构和案例分析，并最终期待在超大城市治理的理论建构上有所贡献。

五、全书的结构和内容

全书除前言之外，一共由 12 章组成。第一章为分析框架，第二章至第十二章为主要内容。

第一章是超大城市治理的分析框架，首先，提出一个理解新时代城市治理的界面治理理论，从界面的视角看待治理，治理变革是界面重构过程，是功能调整过程，也是内部结构改革过程；其次，结合界面治理理论的环境要素和内部结构要素，认为新时代中国城市治理变革主要是由内部需求和外部环境推动，内部需求来自城市内部，外部环境来自国家战略转型；再次，重点分析空间规划和区域战略如何影响城市功能定位并引发中国城市治理界面变革，纵向维度的城市治理界面和横向维度的城市治理界面都发生了转型；复次，进一步分析中国城市治理界面重构引发的内部结构变革，包括价值、制度与技术等全方位变革；最后，对中国城市治理的未来走向进行分析，认为需要建构适应城市功能定位的合作的多界面城市治理体系。

第二章是超大城市的认知治理，结合习近平总书记视察北京和在其他城市的重要讲话精神，总结出中国特色超大城市治理的 10 个新理念，即：(1) 城市是人民的城市，人民城市为人民；(2) 城市是生命体、有机体；（3）让城市更聪明一些、更智慧一些；（4）城市规划在城市发展中起着重要引领作用；（5）城市建设要注重历史文化保护和以自然为美；（6）城市管理要像绣花一样精细；（7）建构共建共治共享的城市社会治理共同体；（8）统筹城市安全和发展工作；（9）城市治理要增强人民群众获得感；（10）城市治理要打破“一亩三分地”的思维定式。

第三章是超大城市的关系治理。要规划、建设和管理好首都，努力探索超大城市治理体系和治理能力现代化的新路子，首都治理需要着重处理好都与城、京津冀协同发展、“一核”和“两翼”、市和区、舍和得、疏解和提升、减量和发展、政府和市场、保护和利用、政府和社会等十大关系，形成具有中国特色的多功能、多层次和多领域协同发展的首都治理界面体系。在这十大关系中，都与城、京津冀协同发展属于横向和纵向外部关系，“一核”和“两翼”、市和区属于横向和纵向内部关系，舍和得、疏解和提升、减量和发展、政府和市场、保护和利用、政府和社会属于首都内部经济社会文化发展关系。

第四章和第五章是超大城市的发展治理。从公共管理学的角度看，要理解新时代首都发展，既需要引入历史的维度，在历史发展脉络中厘清新时代首都发展的演进过程，又需要引入机制的维度，在因果逻辑关系中探究首都发展不同要素之间的关系。为此，我们借鉴社会学者赵鼎新所定义的历史社会学范式，尝试建构历史治理学的视角，将历史叙事和机制叙事有机结合起来，以期把握新时代首都发展的演进阶段、内在机理和全景图像。从发展界面视角看，“五子”联动是新时代首都发展界面的重构，本质上是对首都高质量发展经络的创新性构造，它是适应国际国内环境变化、落实中央精神和战略部署、优化调整首都资源要素结构、实现内外互动和融合的创造性产物，从根本上看是习近平新时代中国特色社会主义思想在京华大地形成的生动实践和理论成果。

第六章和第七章是超大城市的基层治理。首先，将基层政权置于国家政权体系中进行考察，认为目前基层治理中存在的各种问题源于自上而下的压力型体制和自下而上的反馈缺失导致的基层治理的不平衡性，这种不平衡表现为治理能力与治理任务不匹配、治理专业性与治理技术不匹配、治理资源与治理需求不匹配等三个方面；其次，从重构平衡的基层治理体系出发，对首都基层治理改革提供了一个新的解释性框架，将这种平衡定义为内部结构平衡和外部结构平衡两个方面；再次，从内部结构平衡的角度，讨论了吹哨报到、街道改革和权责调整等首都基层治理改革是一种强化基层政权的内部平衡的过程；复次，从外部结构平衡的角度，讨论了结构改革、互动改革和供需改革是一种国家与社会关系的再平衡；最后，我们指出党的领导和人民中心是重构平衡的基层治理体系的基石，两者既是平衡体系的设计者，又是平衡体系的行动者，两者的良性互动为平衡提供了保障。《北京市街道办事处条例》提供了一个重新发现超大城市基层治理设计原则的文本，我们认为城市基层治理需要处理政府、公共事务和人民三者之间的关系，实现管治、共治和自治的基层治理新格局，并从目标、管理体制、互动、社会、支撑和保障等六个方面提出 10 项设计原则。

第八章是超大城市的文化治理，提出文化界面创新是理解北京推进全国文化中心建设和做好首都文化这篇大文章的关键和核心。北京至少创造了 8 种文化界面，实现了从文化点、文化线、文化面到文化生态的跨越：（1）以北大红楼、香山革命纪念馆等为基础建构红色文化界面；（2）以历史文化名城和中轴线申遗等为基础建构老城文化界面；（3）以长城、大运河和西山永定河为基础建构自然文化界面；（4）以大戏看北京、会馆和胡同等为基础建构老北京文化界面；（5）以首钢、798 艺术区等为基础建构工业遗产文化界面；（6）以夏奥会和冬奥会等为基础建构奥运文化界面；（7）以使馆区、国际人才社区和国际交往活动等为基础建构国际文化界面；（8）以

“三城一区”和全球数字经济标杆城市等为基础建构创新文化界面。

第九章是超大城市的互动治理。我们认为，针对超大城市治理面临的困境和难题，北京市的“接诉即办”改革实践与互动治理的新范式十分契合，它通过不同治理主体之间的有效互动来促进问题解决，实现了治理主体之间从冲突、分歧、纠纷走向谈判、信任、合作，从而形成了公共治理的合力。北京市“接诉即办”改革将互动治理与机制创新联系在一起，找到了促使“接诉即办”中互动治理发挥成效的驱动机制。这里的驱动机制主要是指“接诉即办”能够发挥作用和促进不同治理主体之间有效互动的因果关系，它是“接诉即办”良好运行的“密码”。“接诉即办”得以有效运行，主要是依托如下6个驱动机制：（1）互动治理的反馈机制；（2）互动治理的考评机制；（3）互动治理的披露机制；（4）互动治理的激励机制；（5）互动治理的学习机制；（6）互动治理的认同机制。

第十章是超大城市的乡村治理。北京要做好“三农”工作，既需要把握和遵循党和国家展开“三农”工作所形成的基本规律，又需要结合首都自身特色，将“三农”工作与首都战略定位、城市发展规律、市情区情有机结合，处理好都、城、乡三者关系，处理好大城市和大京郊关系，建设大城市和大京郊一体化的国际和谐宜居之都。对于首都乡村振兴，我们认为最根本的路径是把握首都高质量发展主线，以大城市和大京郊协同发展驱动首都乡村振兴，发挥好政府作用实现大城市带动大京郊，发挥好市场作用实现大京郊服务大城市，以全面深化乡村改革促进大城市和大京郊一体化，坚持党的全面领导，实现乡村治理体系和治理能力现代化。

第十一章和第十二章是超大城市的数字治理。我们基于界面理论，试图提出一个新的框架来理解城市治理数字化转型，认为其核心是通过面向公众和决策的双层嵌套治理界面建构，来实现对公众需求、多层政府、不同政府部门间的有效整合，最终达到“双层界面，多重融合，一体化供需”的治理目标。面向公众的治理界面建构主要是基于需求导向，以一体化界面满足公众多样化和差异化需求。面向决策的治理界面建构主要是基于供给导向，以一体化界面应对碎片化的部门和多层次政府所导致的集体行动困境，让政府更好地为公众服务。在双层界面的建构之下，不同层级和部门、多样性主体等形成了复杂的嵌套关系，使得集体行动更容易实现。我们还试图从数字界面治理的视角出发，提出一个超大城市治理数字化转型的分析框架，并重点讨论城市大脑与智能城市治理的设计原理，系统阐述了城市大脑实现智能城市治理的八大设计原理，即可能性原理、交互性原理、形态性原理、结构性原理、路径性原理、协同性原理、演化性原理和评价性原理。

目　录

第一章

超大城市治理的分析框架

党的十九大指出，中国特色社会主义进入新时代。新时代对于治理意味着什么？在新时代，治理会发生什么样的变化？这是中国公共管理学者面临的首要问题。托克维尔在考察美国的民主时曾经指出，美国正在经历一场人类历史上还未曾实验的革命，即从贵族社会向民主社会转变。要理解新的实验及其背后的设计，需要新的科学。为此，他提出："一个全新的社会，要有一门新的政治科学"[①]。同样，对于中国而言，新的时代需要新的治理科学。中国的公共管理学者需要发展一门治理的新科学，来理解新时代中国治理的逻辑，诊断中国治理的问题，提出改进中国治理的建议[②]。

在一个国家的治理体系中，一般包含着国家治理、地方治理和基层治理等三个组成部分。其中，地方治理起着承上启下的作用，是连接国家治理与基层治理的纽带和桥梁。城市治理是地方治理中最具有独特性的代表，也是国家治理体系的重要组成部分。根据2023年国家统计局公布的《2022年国民经济和社会发展统计公报》，2022年末全国常住人口城镇化率为65.22%，超过了《国家新型城镇化规划（2014—2020年）》中提出的2020年常住人口城镇化率达到60%左右的目标值。2015年，中央在37年之后再次召开中央城市工作会议，将城市治理纳入国家议程，开启了中国城市治理的大变革。城市治理变革既是国家治理变革的载体，也是理解国家治理的重要窗口。超大城市是城市中的重要类型，超大城市治理需要特别关注。

为此，本章试图基于西蒙的人工科学思想[③]，提出一个界面治理理论，强

① 托克维尔．论美国的民主．北京：商务印书馆，1988.

② 李文钊．理解治理多样性：一种国家治理的新科学．北京行政学院学报，2016（6）.

③ Simon H A. The sciences of the artificial. Cambridge，Massachusetts：MIT Press，1996.

调治理包含界面、内部结构、功能和环境等四个要素。界面及其功能构成了治理的核心和关键，内部结构是其支撑，环境是其约束条件。从界面治理理论的视角看，新时代的城市治理尤其是超大城市治理正是在治理界面、内部结构和功能等方面进行了变革，以适应国家新型城镇化的战略转型。中国城市治理尤其是超大城市治理变革能否成功，关键取决于其内部结构是否能够适应环境进行界面重构和功能转型。本章按照如下安排依次展开：首先，提出一个理解新时代城市治理的界面治理理论，从界面的视角看待治理，治理变革是界面重构过程，是功能调整过程，也是内部结构改革过程；其次，结合界面治理理论的环境要素和内部结构要素，认为新时代中国城市治理变革主要是由内部需求和外部环境推动，内部需求来自城市内部，外部环境来自国家战略转型；再次，重点分析空间规划和区域战略中对城市功能的定位所引发的中国城市治理界面变革，纵向维度的城市治理界面和横向维度的城市治理界面都发生了转型；复次，进一步分析中国城市治理界面重构引发的内部结构变革，包括价值、制度和技术等全方位变革；最后，对中国城市治理的未来走向进行分析，认为需要建构适应城市功能定位的合作的多界面治理体系。

一、界面治理理论：界面、内部结构、功能和环境

治理是一个连接理论与实践的叙事载体，它被研究者和实践者所广泛接受和认同①。治理成为社会科学的“时髦”和跨学科的研究议题，也成为避免国家失败的“灵丹妙药”，它构成了学者和实践者讨论国家和政府问题的最大公约数②。与此同时，不同学科在各自的理论脉络之下使用“治理”这一术语，不同实践者在多样性情景之下讲述治理故事，这意味着治理可以指称任何事情，关于治理的内涵和外延一直存在广泛争论，缺乏分析性使得治理有可能成为一种空洞无物的词语③。正如戴维·利维福莱所言：“治理被指称很多事情，包括一个流行语，一个时尚，一个框架性工具，一个跨越不同学科的概念，一个伞状概念，一个描绘性概念，一个不可靠的概念，一个空洞的指示，一个用

① Bevir M. The SAGE handbook of governance. Thousand Oaks，California：Sage，2011.

② Chhotray V，Stoker G. Governance theory and practice：a cross-disciplinary approach. New York：Palgrave Macmillan，2008.

③ Pierre J. Debating governance：authority，steering，and democracy. Oxford：Oxford University Press，2000.

于逃避的词语，一个崇拜物，一个研究领域，一个研究路径，一个理论和一个视角。”①

这意味着，学者们在使用“治理”这一术语和理论时，需要对其进行重新界定和建构，于是形成了多样性治理理论②。对于目前的治理理论而言，很多具有规范性色彩，强调治理是好的，应该采用治理来解决公共事务中面临的问题，侧重对价值的表达，其分析性、诊断性、设计性和问题解决性欠缺。这些缺陷也限制了治理的适用范围，使得治理更像是一种“迷思”和“修辞术”，而不是解决实际问题的工具与方法③。治理理论要发展成为一种成熟的理论，必须具备描述、诊断与设计功能④。简而言之，治理理论需要建立一个概念性本体论框架，以这一框架为基础，对治理现象和治理故事进行描述，诊断其中存在的问题，为改进绩效提供设计方案。这些特征也成为衡量一种治理理论是否具有生命力的工具。目前，有一些治理理论正在尝试发展概念性框架，如合作治理理论⑤、网络治理理论⑥等。这些治理理论都是仅关注某一方面问题，缺乏对治理现象进行诊断的一般性理论，这限制了治理理论的累积性发展。

治理作为一种人工物，不同于自然物，这使得治理的新科学应该基于人工科学而不是自然科学来建立⑦。西蒙在一本著作中专门提出建立人工科学（the sciences of the artificial）的设想，他希望人工科学能够成为与自然科学相匹配的科学，专门探讨人工物和人工世界。对于西蒙而言，人工科学中的科学是复数，这意味着人工科学是由一系列科学构成，他自己就尝试用人工科学来理解人工认知科学、经济系统科学、复杂系统科学、设计科学等，人工科学构成了他思考人工世界的最根本的学科基础。因此，西蒙对“人工科学”这一概念寄予厚望，这代表了他对自己在不同科学迷宫探索的总结。如果说有限理性代表了微观基础，那么人工科学则代表了宏观基础。西蒙的很多理论产生了广泛的

---

① Levi-Faur D. The Oxford handbook of governance. New York：Oxford University Press，2012.

② 李文钊．理解治理多样性：一种国家治理的新科学．北京行政学院学报，2016（6）.

③ Christensen T，Lægreid P，Roness P G，et al. Organization theory and the public sector：instrument，culture and myth. London：Routledge，2014.

④ Ostrom E. A diagnostic approach for going beyond panaceas. Proceedings of the National Academy of Sciences，2007，104（39）.

⑤ Emerson K，Nabatchi T，Balogh S. An integrative framework for collaborative governance. Journal of public administration research and theory，2012，22（1）.

⑥ Provan K G，Kenis P. Modes of network governance：structure，management，and effectiveness. Journal of public administration research & theory，2008，18（2）.

⑦ Ostrom V. Artisanship and artifact. Public administration review，1980，40（4）.

影响，但“人工科学”这一概念并没有被普及。但是，“人工科学”这一概念是深刻的，它构成了理解人工物和人造世界的元理论。

既然治理属于人工物品和人工物的范畴，我们就可以在西蒙的人工科学范畴之下建立治理的人工科学。在西蒙的人工科学设想中，人工物与自然物的主要区别有四点，即：(1) 人工物是由人类合成的；(2) 人工物可能模仿了自然物的某些方面，但是缺乏后者的实质内容；(3) 人工物可以用功能、目标和适应来定义；(4) 人工物既用描述性词汇，也用规范性词汇来讨论①。于是，西蒙对人工物给出了一个对称性定义，他认为：“人工物可以被想象成为一个汇合点，一个界面 (Interface)，这一界面处于内部环境和外部环境之间，内部环境就是人工物的实质和组织模式，外部环境就是人工物运行的环境。”② 因此，界面在西蒙的人工科学中起着重要作用，内部结构和外部环境因为界面而得以区分。功能与目标、内部结构和外部环境构成了人工科学三个最核心的要素。自然科学对三个要素中的后两个发挥作用，即内部结构和外部环境都需要遵循科学逻辑。

基于西蒙的人工科学思想，我们可以提出一个治理的人工科学，它是人工科学与治理现象相结合的产物。由于界面在人工科学中起着“对称性作用”，也是人工物最典型的特征，因此为了理论的传播，我们可以将治理的人工科学称为界面治理理论。界面、内部结构、功能和环境构成了界面治理理论的核心要素，治理功能通过治理界面来实现，而治理功能能否取得成功取决于治理内部结构与外部环境，治理界面本身是可以变化的（见图 1-1）。

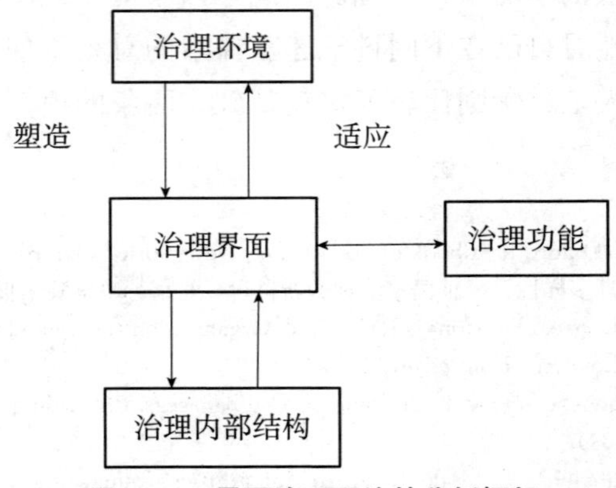

图 1-1　界面治理理论的分析框架

① Simon H A. The sciences of the artificial. Cambridge，Massachusetts：MIT Press，1996.

② 同①.

任何理论都是为了描述现象、诊断问题和设计方案。界面治理理论构建了一个融合的框架来理解治理行为及其绩效，形成了如下几方面的解释：

一是通过对治理环境与治理功能的描述，以及治理内部结构的基本假设，可以很好地解释治理行为。锦标赛理论可以看作这种研究的典型代表，它假设官员有晋升冲动，在面临晋升压力的环境之下，会采取促进经济增长的行为①。有学者讨论了一统体制与有效治理之间的矛盾，并认为运动式治理是这种体制的典型特征②。社会学中的制度主义理论对组织行为趋向的解释，也是将环境与适应性假设作为主要解释变量。

二是通过功能来解释治理内部结构及其设计逻辑。当研究者从治理行为转向内部结构时，也可以从治理功能的角度给出解释，即为了实现一种治理功能，需要什么样的内部结构。对于党和国家机构改革，就可以从功能主义的角度给出解释③。此外，内部结构与一定的功能进行匹配，可以适应不同的环境。例如，尽管官僚制被很多学者和实践人员批评，但作为一种组织结构，它可以成为完成组织目标的有效方式，从而适应动态变化的环境。同样，群众路线作为一种内部结构模式，是一个实现集体行动的机制，可以在多样性的环境中被使用。

三是对治理失败的分析。治理的功能和目标并不一定能够实现，从界面治理理论的视角看，这是由人工物本身的限度决定的。治理同时受到内部结构的有限理性约束和外部环境的资源约束，内部和外部两个方面都可能导致治理失败。治理界面能否实现其功能和目标，关键取决于内部结构与外部环境之间能否有效平衡。学者们在对中央政策执行失败进行分析时，就讨论了执行者策略性行为可能导致的影响。

四是治理界面可以作为比较和变迁研究的一个基准点，即通过治理界面的比较来分析治理变迁。在西蒙的人工科学研究中，他有时候将界面与人工物等同，更多考虑内部结构、功能和环境，而对界面讨论不多。界面治理理论试图将治理界面作为一个重点来讨论，思考治理界面是如何形成的，如何演变的，如何设计新的治理界面，如何比较不同地区或国家的治理界面，治理界面的形

① 周黎安．中国地方官员的晋升锦标赛模式研究．经济研究，2007（7）．

② 周雪光．中国国家治理的制度逻辑．北京：生活·读书·新知三联书店，2017．

③ 李文钊．党和国家机构改革的新逻辑：从实验主义治理到设计主义治理．教学与研究，2019（2）．

成逻辑是什么。这些问题都值得深入讨论。

界面、内部结构、功能和环境等要素及其逻辑关系所形成的界面治理理论，可以作为理解治理现象的新分析框架。界面治理理论完全可以实现描述、诊断、解释、设计等功能，实现治理实践与理论的有效沟通。接下来，我们将以新时代城市治理变革为例，讨论城市治理变革的动因、战略定位、路径，并对其未来进行展望。

二、内部结构和外部环境：中国城市治理变革的双重动因

根据界面治理理论，治理变革的动因要么来自外部环境，要么来自内部需要，其变革表现为界面层面变革、功能层面变革和内部结构变革。对于生物学家和社会学家而言，他们会将治理变革归因于外部环境，强调治理变革作为一种适应性策略，遵循规则逻辑，演化治理理论构成了这一视角下最主要的研究结论①。对于经济学家而言，他们会将治理变革归因于内部结构，强调治理变革是一种主观选择的结果，遵循理性选择逻辑，治理机制选择理论是其中的典型代表②。从界面治理理论的视角看，治理变革意味着打破原有治理界面的平衡，而这种平衡是内部结构和外部环境相互作用的产物，平衡和变革是一体两面，这与间断—均衡理论具有内在一致性③。

对于治理变革，除了考虑动因，还可以考虑变革的机制。借鉴制度经济学家将制度变迁区分为强制性制度变迁和诱致性制度变迁的分类方法④，我们可以将治理变革区分为强制性治理变革和诱致性治理变革，前者是由外部力量强制推动，后者是由自身推动。同样，这种区分也存在一定的模糊性，很多变革是介于两者之间的。以变革动因和变革机制两个维度为基础，界面治理理论将治理变革区分为四种模式，即外部环境驱动的强制性变革、外部环境驱动的诱致性变革、内部结构驱动的强制性变革和内部结构驱动的诱致性变革（见表1-1）。

---

① Beunen R，Van Assche K，Duineveld M. Evolutionary governance theory. Cham；New York：Springer，2016.

② Williamson O E. The mechanisms of governance. New York：Oxford University Press，1996.

③ 李文钊. 间断—均衡理论：探究政策过程中的稳定与变迁逻辑. 上海行政学院学报，2018（2）.

④ Lin J. An economic theory of institutional change：induced and imposed change. Cato journal，1989，9（1）.

表 1－1　治理变革的类型

变革动因	变革机制	
	强制性	诱致性
外部环境	外部环境驱动的强制性变革	外部环境驱动的诱致性变革
内部结构	内部结构驱动的强制性变革	内部结构驱动的诱致性变革

外部环境驱动的强制性变革意味着治理变革是由外部环境强制推动，自上而下是其典型特征，治理界面没有自主性。从这个意义上看，治理界面可以作为更大治理界面的一个内部结构，更高层次的治理界面主导了作为内部结构的治理界面的变革。以欧盟为例，欧盟是成员国的外部环境，当成员国将权力让渡给欧盟时，成员国的变革可能是由作为外部环境的欧盟推动的①。外部环境驱动的诱致性变革则强调治理界面在变革中拥有主动性，自下而上是其典型特征，治理主体因为感知到来自环境的信息而主动采取变革策略。在政策扩散研究中，很多主体实施新政策主要是因为其他主体实施了类似政策，他们觉得也需要进行相应调整以获得合法性。内部结构驱动的强制性变革意味着治理变革是因为内部结构不能满足治理功能需求，治理主体通过强制方式来推动变革。各国政府推行机构改革多遵循这一变革方式，中国 2018 年推行的党和国家机构改革是这种类型的典型代表。内部结构驱动的诱致性变革意味着治理变革是自下而上的主动性变革，治理行动者意识到传统方式不能够解决问题，于是通过变革来解决问题。中国的地方实验，在很大程度上属于内部结构驱动的诱致性变革②。

根据上面的治理变革分类框架，中国城市治理变革存在多样性路径，它是外部环境和内部需求共同作用的结果。不同城市治理变革面临着不同的环境和需求，从而产生了差异化演化路径。如果不考虑变革的来源，只考虑变革的机制，那么我们可以考虑强制性变革和诱致性变革这两种典型的变革路径。当然，现实中变革都是混合型变革，无论是变革动因，还是变革机制，都具有混合特点，是多种因素结合的产物。限于篇幅，我们在此以首都治理变革和长三角城市治理变革为例，讨论中国城市治理变革，它们分别是强制性变革和诱致

① Hooghe L，Marks G. Multi-level governance and European integration. Lanham MD：Rowman & Littlefield Publishers，2001.

② Heilmann S. From local experiments to national policy：the origins of China's distinctive policy process. The China journal，2008（59）.

性变革的典型代表。与此同时，这两个地方的城市治理变革都发生了转化，成为混合型变革模式。首都治理变革始于强制性变革，随后逐渐向一种自觉性行动转化。长三角城市治理变革始于诱致性变革，随后上升为国家战略从而转化为一种强制性行动。

新时代的首都治理变革主要是由外部环境驱动，在某种程度上属于强制性变革范畴。首都治理是国家治理的重要组成部分，它会受到国家治理逻辑的影响，国家对首都治理的战略定位会引发首都治理的界面重构和内部结构变革。2014 年以来，习近平总书记多次视察北京并发表重要讲话，其中有三次讲话对首都治理的战略定位、主要措施和核心思路提出了具体要求（见表 1－2）。

表 1－2　习近平总书记考察北京讲话精神

考察时间	主题	讲话内容要点
2014 年 2 月 25 日至 26 日	建设首善之区	1. 明确城市的战略定位（全国政治中心、文化中心、国际交往中心、科技创新中心）； 2. 调整疏解非首都核心功能； 3. 提升城市建设特别是基础设施建设质量； 4. 要健全城市管理体制； 5. 要加大大气污染治理力度
2017 年 2 月 23 日至 24 日	抓好城市规划建设，筹办好冬奥会	1. 城市规划在城市发展中起着重要引领作用； 2. 疏解北京非首都功能是北京城市规划建设的“牛鼻子”； 3. 要坚持人民城市为人民，以北京市民最关心的问题为导向（人口、交通、房价与污染）
2019 年 1 月 18 日	京津冀协同发展	1. 紧紧抓住“牛鼻子”不放松，积极稳妥有序疏解北京非首都功能； 2. 保持历史耐心和战略定力，高质量高标准推动雄安新区规划建设； 3. 以北京市级机关搬迁为契机，高质量推动北京城市副中心规划建设； 4. 向改革创新要动力，发挥引领高质量发展的重要动力源作用； 5. 坚持绿水青山就是金山银山的理念，强化生态环境联建联防联治； 6. 坚持以人民为中心，促进基本公共服务共建共享

在习近平总书记这一系列讲话的指引之下，京津冀协同构成了首都治理最大的环境，国家战略引领首都治理变革，首都治理需要适应内部功能重组和向

外疏解转移的双重变革需要。内部功能重组是要求首都治理聚焦核心功能，围绕“四个中心”战略定位展开，疏解非首都功能是战略定位实施的主要途径，前者是从肯定性方面发挥作用，后者是从否定性方面发挥作用。于是，我们可以厘清首都治理变革的基本逻辑：外部环境的变化导致了首都治理功能定位变化，首都治理功能定位变化最终需要通过首都治理界面和内部结构重组来实现。当然，最初的强制性变革也可能引发诱致性变革，使得变革成为一种自觉。首都治理主体越是感受到来自外部环境的压力，越可能推动首都治理变革；首都治理主体越是认同变革要求，越可能推动首都治理变革。

长三角城市治理变革，更多的是一种诱致性变革，它是城市之间相互学习、借鉴、模仿和相关实践经验扩散的结果。最能代表外部环境驱动的诱致性变革的是浙江省嘉兴市通过对标上海而引发的城市治理变革，而随后这一变革从自发行为上升为浙江省战略和国家战略，实现了从诱致性城市治理变革向强制性城市治理变革转变。早在 1992 年，嘉兴市就提出了全面接轨上海的发展思路，并且于 1996 年将全面接轨上海作为首选战略[①]。时任浙江省委书记的习近平在调研嘉兴时强调：嘉兴作为全省接轨上海的“桥头堡”、承接上海辐射的“门户”，要在全省“接轨大上海、融入长三角”中发挥更大作用。2017 年，嘉兴市全面接轨上海正式成为浙江省的战略，浙江省发展改革委印发《嘉兴市创建浙江省全面接轨上海示范区实施方案》。在该方案中，浙江省对嘉兴市全面接轨上海进行了具体部署，提出将嘉兴市全面接轨上海的目标定位为：打造上海创新政策率先接轨地、上海高端产业协同发展地、上海科创资源重点辐射地、浙沪一体化交通体系枢纽地、浙沪公共服务融合共享地。2017 年 7 月 25 日，嘉兴市印发《嘉兴市创建浙江省全面接轨上海示范区行动计划（2017—2020 年）》，这为嘉兴市全面接轨上海提出了行动指南。从 2017 年开始，嘉兴市每年至少率党政代表团对沪考察一次，促进全面接轨的双向互动，推动行动计划的落实。

2019 年，中央政治局审议《长江三角洲区域一体化发展规划纲要》，这意味着长江三角洲区域一体化被纳入国家战略，开启了强制性城市治理变革。该纲要的出台，为长三角区域一体化指明了具体的目标和路径，从而对各个城市治理界面和内部结构产生了重大影响。此前，不同城市是否选择一体化战略，更多地出于城市的自主选择，而在前述纲要出台之后，各个城市都需要按照一

① 桂平．接轨上海：嘉兴的首选战略．浙江经济，2002（21）．

体化战略来重新规划自身的城市定位、发展路径和进行治理改革。

三、纵向和横向：中国城市治理界面重构的双重维度

在人工科学的讨论中，西蒙重点对外部环境、内部结构和功能进行了分析，对界面的讨论不多。他将界面等同于人工物，认为其承担着区分内部结构和外部环境的作用①。事实上，界面本身也是可以变化的，界面重构构成了治理变革最重要的内容。当然，有时候，在界面没有变化的情况下，也可能通过内部结构变革来实现。这意味着，外部环境引发的治理变革，既可能是治理界面变革，也可能是功能调整，还可能是治理内部结构变革。内部结构变革是下一部分讨论的重点，这一部分将重点讨论治理界面重构和变革问题，治理界面重构和变革是与功能紧密联系在一起的。

界面是认识人工物的主要视角，这使得对界面的定义需要考虑人工物的内涵。在西蒙最初的定义中，界面是人工物与环境互动和区分的"接触点"，环境信息通过界面接收而被内部结构所感知和处理，行为也通过界面发出从而对环境产生影响。因此，治理界面是治理行为的载体，并且存在多样性②。与生物世界相比，人类对自身变革具有更大的选择权，这使得生物演化与治理变革和制度变革存在一定的差异性③。治理界面变革是从一种治理界面向另一种治理界面转型，它是治理界面适应外部环境变化的产物。

对于治理界面的认知，一种常用方法是理解治理界面的类型。对治理界面进行分类，构成了讨论治理界面重构和变革的基础。事实上，不同的治理理论，可以看成对不同治理界面的刻画和分析④。例如，多层次治理理论，可以看作包含多个层次和外部主体参与的治理界面。通常而言，治理界面包含着结构层面内容，涉及不同治理主体之间的关系模式。根据权力分享的程度，可以将治理界面划分为组织界面、契约界面和网络界面。组织界面是治理界面的传统方式，它通过科层方式来治理公共事务。组织界面本身也可以发生变革，涉及组织的分化与重构，例如大部门改革就是对组织界面的重构，而分权化改革

---

① Simon H A. The sciences of the artificial. Cambridge，Massachusetts：MIT Press，1996.

② Ostrom E. Understanding institutional diversity. Princeton，NJ：Princeton University Press，2005.

③ Ostrom E，Basurto X. Crafting analytical tools to study institutional change. Journal of institutional economics，2011，7（3）.

④ 李文钊．理解治理多样性：一种国家治理的新科学．北京行政学院学报，2016（6）.

是组织界面重构的另外方式。契约界面涉及不同治理主体之间的关系，它意味着需要通过管理契约来实现对公共事务的治理。政府购买服务、契约外包、公私伙伴关系等都是对契约界面的变革，它通过引入其他治理主体形成新的治理界面。网络界面则是当前最复杂的治理界面，它涉及多个主体互动形成的复杂治理界面。

西蒙在讨论复杂系统时，指出复杂系统具有层次性和可分解性的特征①。层次性和可分解性为我们研究城市治理界面的类型提供了新思路。在城市治理变革中，我们可以从纵向和横向两个维度来分析城市治理界面，纵向维度强调界面的层次性，横向维度强调界面的领域性。纵向维度和横向维度分别对应西蒙所讨论的层次性和可分解性，这为我们理解城市治理界面提供了一个立体性的分类框架，具有可操作性、诊断性和设计性特征。从纵向维度来看，城市治理界面至少存在三个层次，一个是城市治理界面本身，一个是城市治理界面之下的子界面，还有一个是超越城市治理界面的区域化治理界面，城市治理界面成为连接更低层次界面和更高层次界面的“界面”（见图1-2）。对于中国城市治理而言，城市治理界面、城市治理的子界面和城市治理的区域化界面都面临着变革。这意味着，中国城市治理界面变革可以从三个方面产生变革需求，一个层次的治理界面变革会影响其他层次的治理界面变革，它是一个系统化和结构化的变革过程。

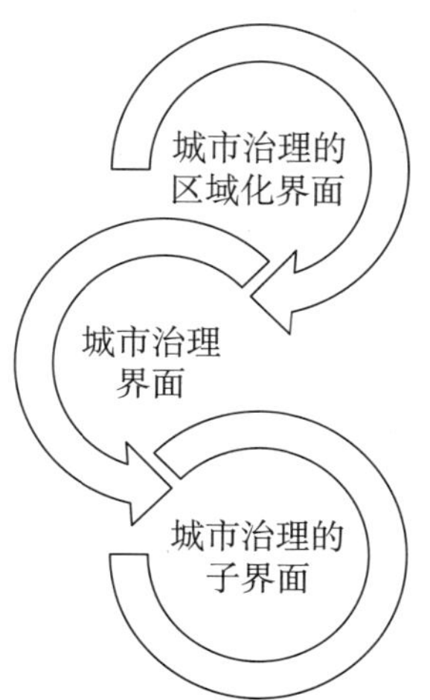

图1-2　城市治理界面的纵向维度

① Simon H A. The sciences of the artificial. Cambridge，Massachusetts：MIT Press，1996.

当前，中国城市治理变革最重要的是城市治理的区域化界面的重构，通过区域化界面重构对其他层次的治理界面产生影响。从系统论的角度看，在更大治理界面中，城市治理只是其中一个要素。当前，随着《国家新型城镇化规划（2014—2020年）》（2014年）、《京津冀协同发展规划纲要》（2015年）、《粤港澳大湾区发展规划纲要》（2019年）、《国家发展改革委关于培育发展现代化都市圈的指导意见》（2019年）、《长江三角洲区域一体化发展规划纲要》（2019年）等一系列文件的出台，国家正在重构城市治理的区域化界面。这些规划纲要的出台，意味着中国城市治理除了需要考虑自身的治理之外，还需要融入区域化治理格局之中，实现区域化协同发展和一体化发展。反过来，区域化发展和一体化发展又会对城市治理界面产生影响，它需要城市治理界面适应区域化界面重构的需求。在区域化界面重构的背景之下，城市治理界面需要适应功能的重新定位而发生改变，同时，城市治理界面的改变也会对其子界面产生变革需要，形成城市治理多层次界面的全面和系统变革。

城市治理界面也可以从横向维度进行分类，这主要是由于专业化和城市事务具有可分性等原因。城市是物理生态空间、服务、经济、文化和治理的多重叠加，多个层面意味着城市治理需要兼顾自然世界和人工世界，需要让自然世界和人工世界有机协调实现可持续发展，其中物理生态空间会更偏向自然世界，服务涉及自然世界和人工世界，而治理则偏向人工世界。结合西蒙提出的复杂系统是可分解的层次系统的观点，我们可以将城市治理界面划分为物理生态系统、服务系统、经济系统、文化系统和治理系统等子界面，这些不同子界面相互协同，构成了城市治理界面的整体（见图1-3）。

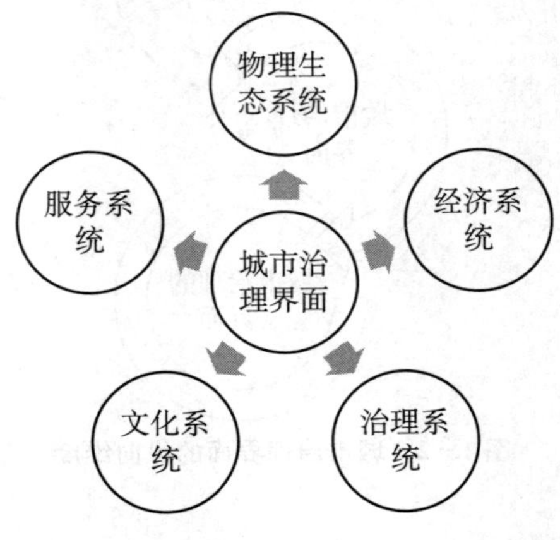

图1-3　城市治理界面的横向维度

物理生态系统关注城市治理中的地理、环境、交通、基础设施、规划等要素，更多地遵循科学逻辑。服务系统关注城市治理中的公共服务，如教育、医疗、养老、文化、体育、救助等，需要遵循科学逻辑和人文逻辑。经济系统关注城市治理中的产业结构、创新和发展，是其他系统持续的基础。文化系统关注城市治理中的文化传承，如城市风韵、时代风貌等。治理系统则关注城市治理中拥有正式权力的官方主体、非官方主体等不同主体之间的互动，涉及权力分享、共同行动和伙伴关系建构。每一个系统都可以形成城市治理的界面，不同系统之间的互动又可以形成新的界面，这是从横向维度理解城市治理界面的核心要义。

这些不同系统之间存在复杂的互动。治理系统需要作用于其他系统才能够发挥作用，没有纯粹的治理系统。治理系统与物理生态系统之间互动，涉及生态治理、空间治理、基础设施治理等；治理系统与服务系统之间互动，涉及公共服务的有效供给；治理系统与经济系统之间互动，涉及经济发展中的政府作用，以及促进经济发展的手段和措施等；治理系统与文化系统之间互动，涉及文化产品与服务供给。治理系统本身也可能发生变革，例如倡导精治共治法治就是治理系统自身的变革。中国城市治理变革，正是对这些子系统进行变革，调整其权重和重要性，并且重新配置资源。当前，中国城市治理变革最典型的特征就是给予物理生态系统较高的关注度，非常重视城市的可持续发展。

四、价值、制度与技术：适应城市治理界面重构的内部结构变革

无论是功能变革，还是治理界面的重构，最终都需要内部结构来支撑。内部结构是功能实现的条件和基础，并通过投入、过程与转化来完成实现功能。对于同样的功能，可以通过不同的内部结构来实现。例如，飞机和小鸟都可以飞行，但是两者的内部结构不同。内部结构的多样性受到环境、行动者、传统等各种因素影响。当然，内部结构对环境的适应存在局限性，这构成了功能实现的制约条件。事实上，无论是自然世界，还是人工世界，都存在局限性和约束。就作为人工世界的人类社会而言，其约束性和局限性更多，否则人类社会的很多社会实验和理想蓝图不会以失败告终。究其原因，人类社会是由人构成的，人具有有限理性、偏好的多样性和行为的策略性，这使得集体行动、合作

等都成为人类面临的困境和难题①。这意味着，并非任何功能都可以通过内部结构变革来实现，功能实现是内部结构与环境之间平衡的结果。有限理性所导致的内部结构不协调，是治理失败的主要原因。

对于城市治理而言，其内部结构是一个集体行动的过程，通过集体行动来实现对公共事务的有效治理。目前公共事务治理具有复杂性，一个重要原因是治理界面正在从组织界面向契约界面或网络界面转变，跨界治理、跨层次治理和跨领域治理成为城市治理新常态。要打开内部结构的“黑箱”，就需要对内部结构的核心变量进行总结，这是一个框架化的过程。一旦打开内部结构的“黑箱”，就可以对内部结构进行描述、诊断、解释、设计和评价，这构成了对内部结构进行变革和设计的基础。不同的界面，可能存在不同的内部结构，需要用不同的要素进行描述、诊断和设计，这构成了多样性学科的基础。例如，对组织界面的内部结构的描述，可能不同于对作为界面的人的内部结构的描述，更不同于对作为界面的复杂系统的内部结构的描述。界面存在不同的规模、尺度和层次，描述的要素也存在差异性。学科研究进展的过程，就是对内部结构的特征、属性、功能、行为、运行和规律不断加深认识的过程。西蒙对组织界面的内部结构进行了分析，开创了组织学研究的新范式；埃莉诺对公共事务界面的制度结构进行了分析，开创了制度研究的新范式；普罗文对网络治理进行了分析，开创了网络治理研究的新范式②。

对于城市治理界面的内部结构，我们认为有三个重要的要素，即价值、制度和技术，它们是城市治理得以实现的基础，也是支撑城市治理界面实现其功能的保障。内部结构中的不同要素除了单独发挥作用之外，还存在复杂互动，价值、制度与技术会相互影响、相互协调和相互配合，共同对城市治理产生影响。

价值是城市治理最基础性的支撑，是人们行为得以规范的方式，是一种共享的信念，是行为可预期性的重要保障，更是制度发挥作用的内在基础。价值会以各种方式呈现，它可能是治理中的习惯和传统，也可能是治理中的规范与伦理。价值会在城市治理界面的不同层次和不同领域发挥作用，会对城市治理的各个方面产生影响。浙江省一些城市推行社会治理的“枫桥经验”，这就是

① Olson M. The logic of collective action：public goods and the theory of groups. Cambridge Mass：Harvard University Press，1965；Ostrom E. Governing the commons. Cambridge：Cambridge University Press，1990.

② Simon H A. Administrative behavior. New York：Simon and Schuster，1997.

传统和价值在城市治理中的体现。很多城市对自身城市精神的定义，也属于价值范畴。目前，社区建设越来越强调文化和观念的作用，这些都是价值在治理中的体现。甚至，有一些学者专门提出了基于价值的治理，即公共价值治理，认为治理需要创造公共价值①。

在这里，我们对制度进行更广义的理解：它既包括组织，也包括规则，它是人类实现集体行动的手段。在一个城市治理界面内部，要实现对公共事务的治理，离不开组织和规则。目前，随着城市公共事务治理日趋复杂，城市治理界面中面临着多样性组织与规则，如何让这些组织间关系通过规则得以有效协调，成为城市治理面临的主要挑战。城市治理界面中的组织形态和组织模式会随着公共事务的规模差异而不同，不可能有一种组织模式适应所有公共事务。具体而言，城市治理界面面临着多元组织跨界协调，例如政府和社会资本合作（PPP）模式涉及公共组织与私人组织之间关系的协调，城市政府购买服务涉及政府组织与社会组织、企业之间关系的协调。在一个社区治理的场景中，会有各种各样的组织，规则就是协调组织间关系的重要约束。

技术在城市治理中的重要性日益突出，其发挥的作用越来越大，技术治理正成为内部结构的重要要素。网络化管理是城市治理中最早应用的技术手段，它实现了问题发现与问题解决的有效匹配②。随着人工智能、大数据、互联网等信息技术的发展，技术在城市治理中的应用越来越广泛，技术治理成为城市治理的重要支撑。没有技术，城市治理就不能够很好地开展。“互联网＋政务服务”就是技术在治理中较为成功应用的体现，通过这一技术变革，行政服务效率得到较大提高。北京开展“接诉即办”，直接将问题分配给乡镇，减少信息传递环节，就是利用信息技术来推进城市问题的解决。这既是城市治理界面的变革，也是城市治理内部结构的变革。目前，越来越多城市推行精细化治理，就是技术治理的最新展现形式。

五、超越单一界面治理：建构合作的多界面城市治理体系

应该说，西蒙的人工科学思想是有洞见的，他提出了一个看待不同于自然世界的人工世界的思维方式和框架结构。正是在人工科学的指导之下，西蒙进

---

① Bozeman B. Public-value failure：when efficient markets may not do. Public administration review，2010，62（2）.

② 孙柏瑛，于扬铭．网格化管理模式再审视．南京社会科学，2015（4）.

行了一系列探索，被称为百科全书式学者[①]。不过，西蒙在用人工科学指导研究时，其关注点是单一界面，而非界面间关系。例如，对于组织的研究，他关注单一组织，关注这个组织或者那个组织，而不关注组织间关系[②]。事实上，西蒙在考虑复杂系统时，也已经尝试讨论了系统与子系统之间的关系以及子系统的可分离性，但是他仍然是基于层次性来讨论复杂系统。

为什么会存在治理界面的多样性？这至少可以从功能多样性、需求多样性和公共事务复杂性等不同角度进行解释。现代社会，治理都涉及多功能，这些不同功能很难通过单一治理界面来实现，需要通过不同的治理界面来实现不同的治理功能。与此同时，不同类型的人存在差异性需求，这些多样性的需求需要通过不同治理界面来满足。针对老年人的养老需求，所需要的治理界面可能不同于针对儿童的治理界面。更为重要的是，公共事务本身具有复杂性，不同类型的公共事务需要不同的治理界面与之相匹配。例如，针对大气污染防治的治理界面，可能不同于针对公共安全的治理界面。现代社会跨领域公共事务的增多使得治理界面也相应增多。协同发展为城市治理提供了新的界面，城市治理需要在不同治理界面上进行叙事。简而言之，基于不同的功能、人群需求及公共事务类型，会存在不同的治理界面，而这些不同治理界面之间存在复杂的嵌套关系。很显然，没有治理界面的"万能药"，即不可能用一个治理界面去解决所有的问题，而应该针对不同的问题构造不同的治理界面。

我们一旦从单一界面治理理论走向多界面治理理论，就面临着如何处理这些不同治理界面之间关系的问题。从长期看，不论是单一治理界面还是多治理界面，都需要根据环境变化和内部结构变化进行适应性调整，否则就会在竞争中被其他治理界面所淘汰。尽管如此，我们仍然可以为处理多个治理界面之间的复杂关系提供一些原则，这些原则有利于发展多界面治理理论。其中一个可行的思路就是建立嵌套的、多层次的、合作的多界面治理体系，以应对功能多样性、需求多样性和公共事务复杂性。

对于城市治理而言，我们可以用多界面治理理论来构建一个适应新时代城市战略定位的多界面城市治理体系。对于多界面城市治理体系，至少可以区分三个尺度的城市治理界面：一是城市治理界面之上的协同治理界面和全球城市

---

① Simon H A. Models of my life. Cambridge，Massachusetts：MIT Press，1991.

② Ostrom V. The intellectual crisis in American public administration. Tuscaloosa Ala.：University of Alabama Press，2008.

网络界面，这个治理界面是比城市范围更广的界面；二是城市治理界面本身，它是我们经常探讨的内容，涉及城市治理的传统含义；三是城市治理界面之下的子系统治理界面，如基层治理界面或区一级层次治理界面，这些治理界面既是城市治理界面的内部结构，也可以成为单独的治理界面体系。除了从尺度维度来划分首都治理的不同界面体系之外，还可以从公共事务、人群需求、功能等多样性的维度来建构不同类型的城市治理次级界面，以应对复杂的城市治理难题。当然，这些多样性的多界面治理体系，只有能够竞争、合作、相互学习和组成网络，才能够实现首都治理的功能和目标。

六、结论

治理理论是公共管理理论最重要的进展之一，它开启了人类思考公共事务管理的新范式。“治理”一词的模糊性使得治理更多的是一种规范性理论，而不是一种解释性、经验性和实证性理论，这限制了治理研究的适用性和生命力。因此，治理研究的经验成为治理理论发展的重要方向之一，它强调通过经验研究来诊断治理、改进治理和设计治理，提升治理的品质和质量。

自 2015 年以来，中国城市治理发生了重大变革，它提供了一个考察中国治理转型的重要案例。对新时代城市治理的研究，需要一个统一的分析框架。为此，考虑到治理是一种人工物和技艺现象，可以使用西蒙提出的人工科学思想来分析。西蒙的人工科学由很多科学组成，我们试图提出一门治理的人工科学来丰富人工科学谱系的内涵。为了理论的传播，我们将这种治理的人工科学称为界面治理理论，以治理界面为核心，讨论内部结构、治理界面、功能与环境之间的关系。

结合界面治理理论，我们认为外部环境推动城市治理变革主要通过为城市治理设定新的目标和战略定位来实现。中国城市治理为了适应国家对城市功能的战略定位，需要进行城市治理界面重构，包括参与作为新治理界面的区域协同和一体化，以及对原有治理界面的调整和变革。城市治理界面的重构，既涉及纵向维度的界面重构，也涉及横向维度的界面重构。对于纵向维度的界面重构，本章提出了一个涵盖城市治理界面、城市治理的子界面和城市治理的区域化界面的界面体系。对于横向维度的界面重构，本章提出了一个基于物理生态系统、服务系统、经济系统、文化系统和治理系统的分类框架，强调不同系统之间存在复杂互动。为了实现新功能，就需要对治理界面的内部结构进行调整。为此，本章提出城市治理的内部结构可以从价值、制度和技术三个方面进行研究。城市治理要实现其功能定位，需要在内部结构与外部环境之间建立有效平衡，需要建构一个嵌套的、多层次的、合作的多界面治理体系。界面治理理论作为一个治理研究的分析框架，可以应用于更多的经验研究之中，以整合和发展理论。

第二章

超大城市的认知治理

党的十八大以来，习近平总书记多次视察北京并发表重要讲话，都是围绕“建设一个什么样的首都、怎样建设首都”这个重大时代课题展开，为北京推进国际和谐宜居之都建设指明了方向。此外，习近平总书记还对上海、深圳、杭州、武汉等超大城市进行视察并发表重要讲话，针对超大城市治理提出了一系列新的论断，为推进中国特色的超大城市治理提供了根本遵循。

理念是行动的先导，推动中国超大城市治理体系和治理能力现代化，可以先从总结和梳理超大城市治理的新理念出发，以超大城市治理新理念来规范和引导行为，诊断问题和提出改进方案。理念的选择过程就是认知选择的过程，它涉及用怎样的概念、逻辑、价值和理论来指导行动①。对于超大城市治理而言，理念选择过程涉及认知治理，是在超大城市治理中选择合适的概念、计算逻辑和价值主张的过程。这些认知选择会成为治理选择的认知基础和价值基础，并进一步影响超大城市治理绩效。很多超大城市治理之所以失败，从根本上看是因为认知选择失败，也是因为认知治理失败。与领域性和实质性治理相比，认知治理涉及观念层面，与传统、习惯、文化和理解等相关，传统治理工具可能会在认知治理方面失效。超大城市的认知选择和认知治理既是人类心智发展的过程，也是心智转化为实践的过程，实践结果会强化或者修改认知选择，这是提升认知治理成效的方法。

结合习近平总书记视察北京和其他城市的重要讲话精神，我们可以总结出中国特色超大城市治理的10个新理念，即：（1）城市是人民的城市，人民城市为人民；（2）城市是生命体、有机体；（3）让城市更聪明一些、更智慧一

① Ostrom V. Epistemic choice and public choice. Public choice，1993，77（1）.

些；(4) 城市规划在城市发展中起着重要引领作用；(5) 城市建设要注重历史文化保护和以自然为美；(6) 城市管理要像绣花一样精细；(7) 建构共建共治共享的城市社会治理共同体；(8) 统筹城市安全和发展工作；(9) 城市治理要增强人民群众获得感；(10) 城市治理要打破“一亩三分地”的思维定式。这些新的超大城市治理理念，代表了认知选择的方向，这也是认知治理需要追求的目标，其核心是使用新的超大城市治理理念取代传统的、落后的治理理念。

一、城市是人民的城市，人民城市为人民

城市的人民性理念强调城市治理的目标要以人民为中心，它是党的宗旨在城市场域的体现，也是中国特色超大城市治理最重要的理念。2016 年 5 月 27 日，习近平总书记主持召开中共中央政治局会议，研究部署规划建设北京城市副中心和进一步推动京津冀协同发展有关工作。会议指出：“要坚持以人民为中心的发展思想，坚持人民城市为人民，从广大市民需要出发。”这是总书记关于城市人民性的重要论述。2017 年 2 月 24 日，习近平总书记在北京考察时强调：“要坚持人民城市为人民，以北京市民最关心的问题为导向，以解决人口过多、交通拥堵、房价高涨、大气污染等问题为突破口，提出解决问题的综合方略。”这进一步丰富和发展了城市的人民性思想。2019 年 11 月 2 日，习近平总书记在上海考察时提出“城市是人民的城市，人民城市为人民”，强调“人民城市人民建，人民城市为人民”，这使得城市的人民性理念日益成熟。把握了城市的人民性，城市发展才能够不偏离航线，城市治理才能够有正确方向，人民才能够享受城市红利。

城市的人民性不是抽象的理念，它是实实在在的工作要求，需要城市治理主体在城市规划、建设、管理、服务等全过程中贯彻实施，以增强人民群众的获得感、幸福感和安全感。2019 年 11 月 2 日，习近平总书记考察上海时指出：“无论是城市规划还是城市建设，无论是新城区建设还是老城区改造，都要坚持以人民为中心，聚焦人民群众的需求，合理安排生产、生活、生态空间，走内涵式、集约型、绿色化的高质量发展路子，努力创造宜业、宜居、宜乐、宜游的良好环境，让人民有更多获得感，为人民创造更加幸福的美好生活。”这意味着，城市治理领导者需要有非凡的治理艺术，来实现不同群体需求的有效动态平衡，各美其美，美美与共，让城市使得人的生活更美好。

城市的人民性还意味着让人民参与城市治理的全过程，融入城市治理的各

个环节，从需求表达、合作生产到效果评价，都需要有人民的声音，发挥人民的主体性，真正建构以人民为中心的城市治理体系。城市高质量发展离不开人民的支持与参与，无论是问题解决还是服务提供，都需要政府与人民一道来完成。人民是城市的主人翁，他们既需要遵守城市的各项规章制度，又需要发挥创造性、主动性和能动性，能够第一时间发现问题并向决策者反映，能够将时间和精力投入公共事务中，能够志愿参与城市公益活动。

二、城市是生命体、有机体

“城市是生命体、有机体”是超大城市治理的第二大理念，它强调看待城市的理念要发生根本变革，突出城市作为生命体和有机体的整体存在，这也是疫情防控对城市治理的最大教训。2020 年 3 月 10 日，习近平总书记在湖北省考察新冠肺炎疫情防控工作时指出：“城市是生命体、有机体，要敬畏城市、善待城市，树立‘全周期管理’意识，努力探索超大城市现代化治理新路子。”对于“城市是生命体、有机体”的论断，既可以从其功能理解，又可以从其构成理解。人有大脑、心脏，城市也有大脑、心脏，人有细胞单元、组织单元、子系统，城市也具备这些要素，这是从其构成来理解城市生命体。生命系统具有新陈代谢、生长发育、应激性、自适应性、遗传与变异等功能，城市也具备类似的功能和特征。

从学术研究的角度看，“城市是生命体、有机体”是一种兼具本体论和认识论的论断，为理解城市治理、诊断城市问题和实现城市可持续发展提供了新视角。本体论强调城市本身就是一种生命体、有机体，它是生命体、有机体的一种表现形式和类型，与其他生命体、有机体不存在本质区别。认识论则主要是从生命体的视角认识城市，借鉴对生命体的认知帮助我们理解城市。以生命体和有机体来看待城市是城市知识的观念变革，它改变了过去将城市作为增长机器、钢筋水泥、生态花园等的观点，强调城市也具备生命体、有机体的特征，存在生命周期和孕育、生长、成熟、死亡等可能性，将城市的交通拥堵、环境污染、公共卫生危机等称为“大城市病”。

将城市当作生命体、有机体，会对城市治理带来根本性变革，体现在城市治理的理念与目标、任务与重点以及评价机制等方面。将城市作为生命体、有机体，要求城市治理理念以人为本。理念的变化也会导致目标变化，以人为本的城市治理理念就将经济增长放在次要地位，强调不能为了经济增长而忽略民生和社会保障，这也意味着城市发展需要经济、社会、生态的协同发展。城市治理的重心与任务发生变化，更多地关注影响城市健康运行的要素与系统，例如城市公共安全、公共卫生、重大疫情防控、民生保障、城市设施的人性化、职住平衡等。衡量一个城市治理的好与坏，不仅要考虑其地区生产总值水平，更要考虑居民获得感、幸福感和安全感。

三、让城市更聪明一些、更智慧一些

智慧城市是超大城市治理的第三个理念，它强调通过城市大脑实现智能城市治理。2020 年 3 月 31 日，习近平总书记赴浙江考察时在杭州城市大脑运营指挥中心指出："运用大数据、云计算、区块链、人工智能等前沿技术推动城市管理手段、管理模式、管理理念创新，从数字化到智能化再到智慧化，让城市更聪明一些、更智慧一些，是推动城市治理体系和治理能力现代化的必由之路，前景广阔。"由此可见，智慧城市强调以城市大脑为依托，将治理逻辑与技术逻辑、数据逻辑相结合，通过技术和数据对城市治理赋能促进治理问题的有效解决，让人工智能参与城市治理过程，促进不同领域治理能力和水平提升。当前，各地在智能城市治理方面进行了一系列探索，形成了"城市大脑""一网通办""一网统管""城市治理数字化转型"等经验和做法，大大提高了城市治理效率和质量。

让城市更聪明和更智慧，需要在建构面向公众和决策的城市大脑数字化治理界面上下功夫，让各方主体依托城市大脑数字治理界面实现高质量互动，促进城市可持续发展。建构面向公众的城市大脑数字化治理界面是治理理念的重大变革，也是实践"以人民为中心"的具体体现。在治理中"找回公众"，这是治理理论的最初含义，它要求根据公众的偏好、需求和价值对整个治理过程进行重构，从官僚本位的行政向公众本位的治理转变。数字技术的发展，使得面向公众的数字化治理界面建构更便捷、快速、经济和高效。从某种程度上看，理念变革是行动的先导，也是技术应用的基础。事实上，只有治理理念发生变革之后，公共部门才可能应用新技术来改进服务和提升品质。

面向决策的城市大脑数字化治理界面建构是城市治理数字化转型的关键。这也是"供给导向"改革的内在含义，它强调"一个数字治理界面，多样性问题解决"，从某种程度上也是公共治理中的供给侧结构性改革，通过面向决策的数字化治理界面的建构来实现对不同治理主体的整合，促使整合决策和分立决策有机统一。事实上，正是由于公共事务具有复杂性、交互性、不确定性和跨界性，传统上单一部门或层次的政府很难解决治理难题和摆脱困境。对于城市治理而言，“城市病”往往呈现“棘手难题”和“结构不良问题”的特征。当决策涉及多个部门和不同层级政府协同时，就可以通过面向决策的数字化治理界面来整合；当决策只涉及单个部门或单个层级政府时，就可以由所在部门或政府独立决策，通过面向决策的数字化治理界面来实现分工与协调。无论是一体化界面建构，还是需求与供给整合，都离不开数字化。

四、城市规划在城市发展中起着重要引领作用

城市规划引领城市治理和发展，这是超大城市治理的第四个理念。2014 年 2 月 25 日，习近平总书记在北京考察时指出：“城市规划在城市发展中起着重要引领作用，考察一个城市首先看规划，规划科学是最大的效益，规划失误是最大的浪费，规划折腾是最大的忌讳。”这为中国特色的超大城市治理指明了新方向。城市总体规划是城市发展、建设和管理的基本依据，在城市发展和治理过程中具有牵引性作用，也是城市治理的根本准绳。此前，城市规划存在一定随意性，城市建设、发展和治理的延续性和连贯性不足，不能够真正做到一张蓝图绘制到底。随着城市规划在城市治理中重要性突显，规划与城市治理之间有效衔接也成为重大理论和实践问题，规划研究者需要考虑规划的可实施性，治理实践者需要考虑以规划为基础开展治理，注重治理的空间结构，城市治理实践要考虑规划作为法定蓝图的约束条件。

要让城市规划在城市发展中发挥重要引领作用，首先需要制定科学的城市规划。这意味着，城市规划需要考虑城市历史与传统、城市战略定位与未来发展趋势，具备前瞻性、系统性和操作性。对于什么是科学的城市规划，2017 年 2 月 24 日习近平总书记在北京考察时指出：“北京城市规划要深入思考‘建设一个什么样的首都、怎样建设首都’这个问题。把握好战略定位、空间格局、要素配置，坚持城乡统筹，落实‘多规合一’，形成一本规划、一张蓝图，着力提升首都核心功能，做到服务保障能力同城市战略定位相适应，人口资源环境同城市战略定位相协调，城市布局同城市战略定位相一致，不断朝着建设国际一流的和谐宜居之都的目标前进。”习近平总书记的这些阐述，为明确科学规划的定位、目标、原则和内容等提供了方向。随后，中共中央、国务院针对北京先后批复了《北京城市总体规划（2016 年—2035 年）》《北京城市副中心

控制性详细规划（街区层面）（2016 年—2035 年）》《首都功能核心区控制性详细规划（街区层面）（2018 年—2035 年）》等三个规划，首都治理的基础更加完善。

要让城市规划在城市发展中起重要引领作用，还需要保证规划的严肃性、权威性，促使其严格实施。没有严格的实施，规划只会是一纸空文，仍然会成为“墙上的规划”而不会成为“行动的规划”。要让规划从蓝图转化为现实，需要综合应用执法、监督、体验、宣传等工具，让城市中的各单位和治理主体充分认识城市总体规划的重要性，切实维护规划的严肃性、权威性。对于首都北京而言，依据规划对违法行为进行查处，促进不同治理主体的守法行为，加强规划遵守意识的形成，是未来保证城市总体规划可实施性的重要手段。

五、城市建设要注重历史文化保护和以自然为美

“城市建设要注重历史文化保护和以自然为美”是超大城市治理的第五个理念。城市建设既是城市治理的重要组成部分，也是城市治理得以展开的基础。城市建设是城市治理的客观物质形态，是整个城市运行和人类衣食住行得以开展的载体，如果基础不牢固，后期运行和管理就会面临很大的挑战。2014 年 2 月 26 日，习近平总书记在考察北京时指出：“北京城市建设应该向国际一流标准看齐，功能区块建设、街区改造、社区建设、市政公用设施建设、单体建筑建设都应按照世界城市标准定位，形成适度超前、相互衔接、满足未来需求的功能体系。”城市建设不仅是一个钢筋水泥的物质生产过程，也是体现了人类的理念、设计、智慧和价值的精神生产过程。城市建设需要注重文化要素和绿色要素，前者需要城市建设能够留住乡愁，后者需要城市建设能够体现绿色发展思想。

城市建设要注重历史文化保护和传承。城市建设当前的一个突出问题是大拆大建，导致“千城一面，万楼一貌”，城市没有了特色，也失去了文化的灵魂。2014 年 2 月 25 日，习近平总书记在考察北京时指出：“历史文化是城市的灵魂，要像爱惜自己的生命一样保护好城市历史文化遗产。北京是世界著名古都，丰富的历史文化遗产是一张金名片，传承保护好这份宝贵的历史文化遗产是首都的职责，要本着对历史负责、对人民负责的精神，传承历史文脉，处理好城市改造开发和历史文化遗产保护利用的关系，切实做到在保护中发展、在发展中保护。”这意味着，文化为城市建设提供了硬约束，尤其是“老城不能

再拆了”。2019 年 11 月 2 日，习近平总书记在考察上海时再次表示：“文化是城市的灵魂。城市历史文化遗存是前人智慧的积淀，是城市内涵、品质、特色的重要标志。要妥善处理好保护和发展的关系，注重延续城市历史文脉，像对待‘老人’一样尊重和善待城市中的老建筑，保留城市历史文化记忆，让人们记得住历史、记得住乡愁，坚定文化自信，增强家国情怀。”

城市建设要注重以自然为美。城市建设离不开自然环境，它在本质上是对自然环境的改造。城市建设如何与自然环境有机融合，实现城市与自然有机统一，这是现代城市建设的最大挑战之一。对此，2013 年 12 月 12 日，习近平总书记在中央城镇化工作会议中提出：“城市建设水平，是城市生命力所在。城镇建设，要实事求是确定城市定位，科学规划和务实行动，避免走弯路；要体现尊重自然、顺应自然、天人合一的理念，依托现有山水脉络等独特风光，让城市融入大自然，让居民望得见山、看得见水、记得住乡愁”。事实上，只有在开展城市建设时充分考虑自然环境，依托自然环境，才能够真正建设符合人类需求的城市人居环境。

六、城市管理要像绣花一样精细

“城市管理要像绣花一样精细”是超大城市治理的第六个理念。管理城市如绣花，针脚越密越精细，水平越高。2018 年 11 月 6 日，习近平总书记在考察上海时强调：“既要善于运用现代科技手段实现智能化，又要通过绣花般的细心、耐心、巧心提高精细化水平，绣出城市的品质品牌。上海要继续探索，走出一条中国特色超大城市管理新路子，不断提高城市管理水平。”很显然，一个城市的文明程度、管理水平，市民的幸福指数，在很大程度上取决于精细化治理水平。城市既要管好主干道、大街区，又要治理好每个社区、每条小街小巷小胡同。精细化主要旨在解决城市的“里子”问题，让城市的“里子”和“面子”一样光鲜。

城市管理精细化需要体现在城市管理的方方面面，切实提升全域城市管理的精细化水平。2014 年 2 月 26 日，习近平总书记在考察北京时指出：“城市建设和管理相辅相成，建设提供硬环境，管理增强软实力，共同指向完善城市功能。要加强形成与世界城市相匹配的城市管理能力，城市管理目标、方法、模式都要现代化。要健全城市管理体制，充分利用现代信息技术，加强市政设施运行管理、交通管理、环境管理、应急管理，坚持重心下移，完善社区治理模式，充分发挥企业和社会组织作用，积极推进网格化服务管理体系建设。”习近平总书记的讲话明确了城市管理的目标和内容，指明了精细化城市管理的方向。

城市管理精细化需要在精治共治法治上下功夫。城市管理的对象日趋多元，利益诉求多样，各种新问题层出不穷，这就要求我们在精治共治法治上下功夫，更加注重运用法治思维和法治方式，依据法规、制度、标准管理城市，更加注重依靠科学化、智能化和网格化方式管理城市，更加注重依靠人民群众来管理城市。为了推进城市管理法治化水平，北京先后出台了《北京市物业管理条例》《北京市街道办事处条例》《北京市生活垃圾管理条例》等法规，将人民群众关心的小事制度化为大事，使精细化治理有法可依。城市管理者要落实精治共治法治要求，就需要坚持问题导向，坚持系统治理、依法治理、源头治理、综合施策，推动城市管理法治化、标准化、智能化、专业化、社会化，着力加强城市日常运行管理，着力加强体制机制保障，构建权责明晰、服务为先、管理优化、执法规范、安全有序的城市精细化管理体系。

七、建构共建共治共享的城市社会治理共同体

“建构共建共治共享的城市社会治理共同体”是超大城市治理的第七个理念，它强调超大城市需要将社会治理放到更为重要的位置，建立人人参与、人人尽责的超大城市社会治理共同体。2017 年 3 月 5 日，习近平总书记在参加十二届全国人大五次会议上海代表团审议时指出：“走出一条符合超大城市特点和规律的社会治理新路子，是关系上海发展的大问题。要持续用力、不断深化，提升社会治理能力，增强社会发展活力。”建构共建共治共享的城市社会治理共同体，需要提高社会治理社会化、法治化、智能化、专业化水平，更加注重在细微处下功夫、见成效。

超大城市社会治理需要发挥党建引领的作用。对此，2018 年 11 月 6 日，习近平总书记在上海考察时指出：“党建工作的难点在基层，亮点也在基层。随着经济成分和就业方式越来越多样化，在新经济组织、新社会组织就业的党员越来越多，要做好其中的党员教育管理工作，引导他们积极发挥作用。基层党建既要发扬优良传统，又要与时俱进，不断适应新形势，拓宽基层党建的领域，做到党员工作生活在哪里、党组织就覆盖到哪里，让党员无论在哪里都能找到组织找到家。”北京以“街乡吹哨、部门报到”改革为抓手，积极探索党

建引领基层治理体制机制创新，持续推动工作重心下沉、资源下沉、服务下沉，聚焦办好群众家门口事，打通“最后一公里”，形成了行之有效的做法。

超大城市社会治理需要加强社区治理和提升基层治理能力。2018 年 11 月 6 日，习近平总书记在考察上海时指出：“城市治理的‘最后一公里’就在社区。社区是党委和政府联系群众、服务群众的神经末梢，要及时感知社区居民的操心事、烦心事、揪心事，一件一件加以解决。老百姓心里有杆秤。我们把老百姓放在心中，老百姓才会把我们放在心中。加强社区治理，既要发挥基层党组织的领导作用，也要发挥居民自治功能，把社区居民积极性、主动性调动起来，做到人人参与、人人负责、人人奉献、人人共享。”北京市按照精简、效能、便民的原则，整合相关职能，构建面向人民群众、符合基层事务特点、简约高效的基层城市社会治理体制。以党建引领基层治理创新，充分发挥党组织总揽全局、协调各方、服务群众的作用，立足基层服务管理，深化街道管理体制改革，构建党建引领、区域统筹、条块协同、上下联动、共建共享的街道工作新格局，建设新时代文明街道、活力街道、宜居街道和平安街道。街道办事处根据规定设立民生保障、城市管理、平安建设、社区建设、综合行政执法等工作机构，并做好政务服务、市民活动、诉求处置等工作。

八、统筹城市安全和发展工作

“统筹城市安全和发展工作”是超大城市治理的第八个理念，它要求城市治理将安全作为底线，安全也是城市治理的基石。2015 年 12 月 21 日，习近平总书记在中央城市工作会议中指出：“要把安全放在第一位，把住安全关、质量关，并把安全工作落实到城市工作和城市发展各个环节各个领域。”统筹城市安全和发展工作就要牢固树立和贯彻落实总体国家安全观，坚持政府主导与社会参与相结合，加强公共安全各领域和重大活动城市安全风险管理，增强抵御自然灾害、处置突发事件和危机管理能力，降低城市脆弱度，形成全天候、系统性、现代化的城市运行安全保障体系。

统筹城市安全和发展工作就要注重基础设施硬件安全。城市要以城市快速路、公园、绿地、河流、广场为界，划分防灾分区，坚持完善城市开敞空间系统，预留防灾避难空间和中长期安置重建空间。城市还需提高城市综合防灾和安全设施建设标准，加强设施运行管理，建设防灾体系。加强水、电、气、热、交通等城市运行安全监测，推进生命线系统预警控制自动化，建立健全多路多源的生命线战略安全体系，确保重要供给线广域联通。加强公交、轨道交通、交通枢纽安全防控，确保轨道交通安全设施随线路运营同步启用。按照防空防灾一体化、平战结合、平灾结合的原则，完善应急指挥救援体系，推动城市市区两级指挥场所、消防队站建设，建立健全与军队、公安消防和武警等部门的应急联动机制，加强各专业应急救援队伍建设。建设应急供水系统、应急供电设施、广播通信系统、应急交通系统、应急垃圾及污水处理设施，保障生命线设施在紧急状态下良好运行，并预留安全储备。在市域范围内建立市、区、乡镇（街道）三级救灾物资储备库，形成救灾物资、生活必需品、医药物资和能源物资储备库网络体系。

统筹城市安全和发展工作就要注重社会安全，尤其是社会治安安全和公共卫生安全。一方面，要让每一个生活在城市中的人感受到安全感，就需要在社会治安水平上下功夫，降低刑事犯罪率，提升城市公共安全指数；另一方面，城市当前尤其要注重公共卫生安全，吸取疫情应对的经验和教训，完善公共卫生体系。在很大程度上，城市公共卫生安全成为各个地方需要补齐的短板，要加强公共卫生投入体制机制建设和人才培养工作。

九、城市治理要增强人民群众获得感

“城市治理要增强人民群众获得感”是超大城市治理的第九个治理理念，它要求城市治理将民生保障和公共服务作为治理重点，切实增强人民的获得感、幸福感和安全感，这也是衡量城市治理水平最根本的标准。增强人民获得感的城市治理需要以人民群众最关心的问题为导向，坚持政府主导和发挥市场、社会作用相结合，坚持提升硬件和优化服务相结合，健全制度，完善政策，不断提高民生保障和公共服务供给水平，使人民群众获得更好的教育、更高水平的医疗卫生和养老服务、更丰富的文化体育服务、更可靠的社会保障。

超大城市治理要增强人民获得感，就需要提升民生保障和公共服务水平，在设施建设、机构建设、制度建设和服务改进上下功夫，形成公共服务供给的系统合力。在城市总体规划中落实好民生保障设施规划，让民生设施与城市其他基础设施同步推进。民生设施作为城市设施的红线，必须得到保障。加强民生保障和公共服务提供机构的能力建设，从组织上和人力上保障好服务水平。通过完善制度，使民生保障和公共服务标准化、规范化和体系化。以回应民众需求为突破口，以提升服务质量为根本，努力提高各项民生保障和公共服务水平，真正让人民拥有获得感。时代是出卷人，我们是答卷人，人民是阅卷人。城市发展好与坏，其评价权应该交给人民，人民的获得感、幸福感和安全感是检验城市质量的最终准则。对于城市的排名和评价，过去我们特别重视经济方面的指标，忽略了人的因素，导致了城市畸形发展，人成为城市增长机器的奴隶。要改变这种现状，就要在民生保障和公共服务方面有更多投入，就要把评价权真正归还给人民，让人民成为评判城市工作的裁判。

“七有”和“五性”是北京探索民生保障、提升公共服务水平和增强人民获得感的具体实践。“幼有所育”要深入挖潜，合理布局，多办普惠性幼儿园，鼓励支持各方增加幼教供给；“学有所教”要加强中小学优质资源建设和师资培养；“劳有所得”要抓好就业，切实解决农民工工资拖欠问题；“病有所医”要提高家庭医生签约覆盖率，为群众提供精准服务；“老有所养”要实行居家为主、医养结合，办好家庭养老、临时托养、养老机构“三张床”；“住有所居”要加强保障房供给，优化选址，完善配套服务设施；“弱有所扶”要加大对低收入户和特困家庭的扶助力度，关心关爱残疾人，完善无障碍设施。关于“便利性”，要落实便民店发展措施，补齐便民服务设施；关于“宜居性”，要加强物业服务，解决停车难等问题；关于“多样性”，要不断增加文化、教育、体育健身等方面公共产品与服务供给；关于“公正性”，要维护好群众合法权利；关于“安全性”，要抓好基层治理，增强群众安全感。

十、城市治理要打破“一亩三分地”的思维定式

“城市治理要打破‘一亩三分地’的思维定式”是超大城市治理的第十个理念，它强调超大城市治理需要突破自身行政边界限制，从自身治理转向区域协同治理。2014 年 2 月 26 日，习近平总书记在北京考察时指出，京津冀要打破自家“一亩三分地”的思维定式，加强顶层设计。2014 年 5 月 24 日，习近平总书记在上海考察时强调：“发挥上海在长三角地区合作和交流中的龙头带动作用，既是上海自身发展的需要，也是中央赋予上海的一项重要使命。”2019 年 1 月 18 日，习近平总书记在京津冀考察时进一步指出：“要从全局的高度和更长远的考虑来认识和做好京津冀协同发展工作，增强协同发展的自觉性、主动性、创造性，保持历史耐心和战略定力，稳扎稳打，勇于担当，敢于创新，善作善成，下更大气力推动京津冀协同发展取得新的更大进展。”京津冀协同发展理念、长三角一体化发展理念、粤港澳大湾区发展理念等区域发展

理念的提出，是超大城市治理的重大变革，它要求超大城市治理跨越边界，注重跨边界和区域治理，通过自身发展带动区域发展，在区域发展中实现自身发展。

城市治理要打破“一亩三分地”的思维定式，就需要在交通、产业、环境、公共服务等各方面实现协同治理，提升区域治理协同化和一体化水平。以京津冀为例，北京非首都核心功能疏解有序开展，“一体两翼”的发展格局正在形成，交通、生态、产业等重点领域协同取得突破性进展，“轨道上的京津冀”初步成型，京津冀地区生态环境得到较大改善，相关产业转移与协同取得进展，人、物、信息等要素流动加快，京津冀一体化市场正在孕育。更为关键的是，京津冀三地民众的获得感、幸福感和安全感持续增强，有利于京津冀协同的社会资本和文化得以发育。

城市治理要打破“一亩三分地”的思维定式，更需要从“外科手术”走向内生式自发协同，寻找更多自下而上的协同基因、元素和文化，让协同得以自然涌现。以京津冀协同发展为例，未来疏解非首都功能、推动雄安新区建设和北京城市副中心高质量发展、建设京津冀世界级城市群、继续实施体制机制创新和改革发展、加快推进市场一体化进程、构建现代化交通网络系统、强化生态环境联建联防联治、推进基本公共服务共建共享等仍然是重点任务和主要工作，还需要发挥各方力量的优势协同推进。

第三章

超大城市的关系治理

党的十八大以来，习近平总书记关于北京的重要讲话，为首都高质量发展和治理指明了方向。“四个中心”战略定位、“四个服务”的职责使命、京津冀协同发展战略、疏解非首都功能、建设城市副中心、推动雄安新区建设等一系列重大理念和举措的提出和实施开启了首都治理的重大转型和变革，首都治理体系和治理能力现代化的新格局逐步形成。

从多层次嵌套界面治理的视角看，超大城市治理会涉及多个治理界面。如何发挥不同层次和类型治理界面的作用，同时加强不同层次和类型治理界面的协同，是超大城市关系治理的核心内容。超大城市的关系治理涉及如何处理不同层次和类型治理界面之间的关系、不同治理价值之间的关系、不同治理工具之间的关系、不同治理结构之间的关系，其本质是作为复杂系统的超大城市治理如何协同、平衡和共同行动。我们认为，超大城市治理需要将关系治理放到更为重要的位置，从超大城市治理所面临的系统性、战略性、全局性的问题出发进行治理，通过协商关系来实现高质量发展。为此，我们提出了首都治理面临的十大关系，这是思考超大城市关系治理的尝试。

要规划、建设和管理好首都，努力探索超大城市治理体系和治理能力现代化的新路子，首都治理需要着重处理好都与城、京津冀协同发展、“一核”和“两翼”、市和区、舍和得、疏解和提升、减量和发展、政府和市场、保护和利用、政府和社会等十大关系，形成具有中国特色的多功能、多层次和多领域协同发展的首都治理界面体系。在这十大关系中，都与城、京津冀协同发展属于横向和纵向外部关系，“一核”和“两翼”、市和区属于横向和纵向内部关系，舍和得、疏解和提升、减量和发展、政府和市场、保护和利用、政府和社会属于首都内部经济社会文化发展关系。对这十大关系的认识、处理和调整，既是

"四个中心"战略定位对首都治理的内在要求，也是首都治理适应新时代变革需要研究的重大议题。

一、都与城的关系

都与城的关系，或者说国家战略要求与自身发展的关系，是首都治理需要处理和面临的根本性问题。能否形成良好的协同关系是检验新时代首都治理成效的关键标准。北京作为中国的直辖市，与其他省、自治区和直辖市一样，都需要处理中央与地方的关系，都面临着发挥两个积极性的问题。这意味着，中国任何的地方政府都需要将自身发展与国家战略要求联系起来，在国家战略中寻找自身发展路径。与其他地方政府相比，北京还是中国首都，这使得其兼具地方政府和首都的双重特征，首都会对北京有更高的定位和要求，其治理难度更大。习近平总书记多次在针对北京的讲话中指出，看北京首先要从政治上看。无论是《中共中央 国务院关于对〈北京城市总体规划（2016 年—2035 年）〉的批复》，还是《中共中央 国务院关于对〈首都功能核心区控制性详细规划（街区层面）（2018 年—2035 年）〉的批复》，都要求首先处理好都与城的关系。

"都"是自上而下的功能定位，是中央对北京市的要求；"城"是自下而上的功能定位，是北京市对自身发展的认识。事实上，没有"城"的高质量发展，也就不可能履行好"都"的功能，"都"的功能是嵌入在"城"的发展之中的；同样，如果"都"的功能没得到彰显，"城"的发展也就失去了根本遵循：这正是首都发展的要义所在。比较理想的状态是都与城协调发展，自上而下的功能定位与自下而上的发展诉求有机融合，正如 2020 年北京市政府工作报告所论述的，"紧紧围绕'都'的功能谋划'城'的发展，以'城'的更高水平发展服务'都'的功能"。处理好都与城的关系，协调好国家战略要求与自身发展的关系，应该成为首都治理变革的主线，也是判断首都治理创新成效的根本准则。

对于北京而言，首都核心功能需要围绕着"四个中心"战略定位展开，城市发展要基于"四个中心"战略定位的要求，做好"四个服务"，履行为中央党政军领导机关工作服务、为国家国际交往服务、为科技和教育发展服务、为改善人民群众生活服务的基本职责。一方面，根据"四个中心"战略定位重新调整城市功能和空间布局，实现城市发展目标和要求的再调整，通过功能和目标调整来引领城市内部空间和治理结构变革；另一方面，根据"四个中心"战略定位的新要求，对城市内部要素进行重新聚合，实现跨越式发展。简而言之，“都”的功能定位会引发城市治理全方位变革，而转型与创新能否取得成功，关键在于战略定位与城市自身发展能否有机融合。

二、京津冀协同发展的关系

京津冀协同发展的关系是首都治理需要考虑的第二个重要关系，也是都与城关系的自然延伸，本质上也属于中央与地方关系范畴，是中央与地方关系在区域范畴的体现。正如习近平总书记多次指出的，疏解北京非首都功能是推动京津冀协同发展的“牛鼻子”。要实现北京的“四个中心”战略定位，就需要将非首都功能疏解，为首都功能腾退空间。而要实现非首都功能疏解，解决北京的“大城市病”，就需要在区域协调发展上下功夫，通过建立京津“双城记”和推动京津冀协同发展，最终解决“大城市病”和实现首都功能战略定位。

与此同时，疏解北京非首都功能的过程，也是探索一条区域协同发展的新路子的过程。从这个意义上看，京津冀协同发展是都与城关系得到良好处理后结出的果实，更是都与城关系处理好坏的试金石。因此，首都治理在处理好都与城关系的基础上，需要处理好京津冀协同发展的关系，通过疏解非首都功能来带动京津冀协同发展。

京津冀协同发展作为国家战略，在外科手术式的自上而下强力推动和自下而上的自我实施相结合的基础上逐步推进，经过多年发展已经取得初步成效。国家在京津冀协同发展中发挥了巨大作用，通过制定《京津冀协同发展规划纲要》，初步形成了目标一致、层次明确、互相衔接的协同发展规划体系。与此同时，首都治理仍然需要在京津冀协同发展战略的背景下开展，通过继续推动协同发展来实现首都经济社会高质量发展。这也意味着，京津冀协同发展需要从外科手术走向内生式自发协同，这也是京津冀协同发展可持续的基础。

三、“一核”和“两翼”的关系

都与城的关系是首都治理需要处理的功能关系，而功能最终会以空间载体呈现，这使得首都治理还需要处理好空间关系。《北京城市总体规划（2016 年—2035 年）》对城市的空间布局的规划是构建“一核一主一副、两轴多点一区”的城市空间结构。在空间结构中，首都治理需要重点处理“一核”和“两翼”

的关系、市和区的关系。“一核”是指首都功能核心区，“两翼”是指北京城市副中心和雄安新区。北京“四个中心”战略定位能否实现，关键在于是否能够处理好“一核”和“两翼”的关系，通过“一核”来集中承载首都核心功能，通过“两翼”来实现非首都功能疏解和“大城市病”的有效解决。

作为首都功能核心区的“一核”是“四个中心”战略定位的主战场，北京要为“一核”发挥作用提供基础和保障。为了使“一核”真正做好“四个服务”，就需要对“一核”中的非首都功能进行疏解，而“两翼”就是重要的非首都功能承接地。为此，中共中央、国务院专门对“一核”和“两翼”的控制性详细规划进行了批复，为处理“一核”和“两翼”的关系进行了顶层设计。在北京城市总体规划的基础上，《首都功能核心区控制性详细规划（街区层面）（2018 年—2035 年）》以“四个中心”战略定位为基础，突出政治中心、突出人民群众，注重中央政务功能保障、注重疏解减量提质、注重老城整体保护、注重街区保护更新、注重民生改善、注重城市安全，这些规划原则为核心区承担功能提供了坚实保障。

“一核”功能的实现，需要依靠“两翼”来支撑。《北京城市副中心控制性详细规划（街区层面）（2016 年—2035 年）》对“两翼”中的北京城市副中心进行了顶层设计，强调以创造历史、追求艺术的精神，牢牢抓住疏解北京非首都功能这个“牛鼻子”，紧紧围绕京津冀协同发展，注重生态保护、注重延续历史文脉、注重保障和改善民生、注重多规合一。《河北雄安新区总体规划（2018—2035 年）》则牢牢把握北京非首都功能疏解集中承载地这个初心，重点承接高校、科研院所、医疗机构、企业总部、金融机构、事业单位等非首都功能，促进生产要素合理有序流动，增强雄安新区内生发展动力。

四、市和区的关系

市和区的关系是首都治理自身空间结构和治理结构的重要关系，其核心是城市内部的区域协同发展问题，关键和重点是能否通过形成推动全市发展的合力，从而在城市发展中找准各自的功能定位。中国经济增长奇迹在很大程度上依靠地方政府之间的竞争、实验、创新与学习，这些机制使得地方政府能够寻找经济发展的路径，并通过学习与扩散来提升共同认知水平。但是，过度竞争也会导致重复建设、市场保护、环境污染、公共服务供给不足等问题，如何在保持有效竞争的同时避免过度竞争产生的问题与危害成为中国经济发展的核心挑战之一。这些竞争、实验、创新与学习的机制也适用于一个城市内部的区县政府，既需要调动各区县积极性，又需要避免过度竞争带来的危害。

对于首都而言，处理好市和区之间的关系，关键是要让各区按照各自功能定位来实现城市高质量发展。根据《北京城市总体规划（2016 年—2035 年）》的空间格局定位，北京各区可以分为五类：一是核心区，即东城区、西城区；二是中心城区，即东城区、西城区、朝阳区、海淀区、石景山区、丰台区；三是副中心，即通州城市副中心；四是新城，即位于平原地区的顺义、大兴、亦庄、昌平、房山 5 个新城；五是生态涵养区，即门头沟区、平谷区、怀柔区、密云区、延庆区，以及昌平区和房山区的山区。在这五类区中，除了上一部分讨论的“一核”和“两翼”的关系之外，还需要处理好市级与中心城区、新城和生态涵养区之间的关系，真正地让不同类型的区按照自身定位实现发展。

不同类型的区在首都功能的“四个中心”战略定位中发挥着不同的作用，既要让不同类型的区能够最大限度地发挥各自作用，又需要不同类型的区有机配合，让城市功能得到有效发挥，让各区民众都能够享受均等化的公共服务。为此，北京市除了需要对不同区进行不同类型的顶层设计之外，还需要有财政转移支付、分类考核、生态补偿等机制来促进城乡、山区与平原、中心城区与新城、核心区与副中心等不同区域的平衡发展。

五、舍和得的关系

都与城等各种关系的治理最终需要通过疏解非首都功能和京津冀协同发展来实现，其核心是处理舍和得的关系，要将舍和得的关系贯穿于城市功能定位、空间布局、产业结构调整、要素配置、服务保障等各个环节和各个过程，做到服务保障能力与城市战略定位相适应，人口资源环境与城市战略定位相协调，城市布局与城市战略定位相一致，建设国际一流的和谐宜居之都。

舍和得的关系首先体现在城市战略定位上，它要求城市功能通过处理舍和得的关系找准方向。从这个意义上看，都与城的关系问题最终体现为城市功能的舍和得，城市要保留哪些功能，强化哪些功能，舍弃哪些功能，弱化哪些功能，这些都是首都治理面临的根本性问题。党中央明确提出首都的“四个中心”战略定位，就意味着城市需要围绕“四个中心”展开治理，对非首都功能进行疏解。过去，北京在城市功能定位上有所摇摆，试图提供最全和最具包容性的城市功能，这在一定程度上导致了“大城市病”的产生，既没有让首都功能得到很好发挥，也不利于区域协同发展。

舍和得的关系最终需要围绕城市的产业、空间、要素等展开，通过对舍和得的有效把握，统筹空间、规模、产业三大结构，规划、建设、管理三大环节，改革、科技、文化三大动力，生产、生活、生态三大布局，政府、市场、市民三大主体，实现首都城市的高质量发展。“舍”就是要疏解非首都功能，对三大产业布局进行调整，限制城市规模，根据生态环境资源承载力来确定人口规模，有所为有所不为。“得”就是将“舍”留下的空间用于生态改善、产业结构升级、民生水平提升和首都核心功能保障，最终实现城市治理水平的提升。没有“舍”，就不可能“得”；只有“舍”，才能够为“得”创造空间和可能性。

六、疏解和提升的关系

舍和得的关系更多是从数量、规模和结构的角度来讨论首都治理问题，注重从哲学层面、思想层面和理念层面来思考首都治理。疏解和提升的关系则是从质量、优化和变革的角度来讨论首都治理问题，注重从操作层面、行动层面和手段层面来讨论首都治理。两者相得益彰、彼此支撑。只有在疏解之后，城市治理质量得到提升，才能够让民众真正理解疏解的意义和内涵。反过来，城市治理质量的不断提升，也会为疏解创造更大的空间和更多的可能性。疏解和提升的关系是首都治理面临的一对重要关系，通过疏解非首都功能来提升首都功能，从而真正实现对疏解与整治、疏解与提升、疏解与承接、疏解与协同等关系的统筹，达到首都发展、减量集约、创新驱动、改善民生的要求。

根据《北京城市总体规划（2016 年—2035 年）》，疏解和提升的关系，在空间中的表征就是“核心区功能重组、中心城区疏解提升、北京城市副中心和河北雄安新区形成北京新的两翼、平原地区疏解承接、新城多点支撑、山区生态涵养”。对此，首都治理需要抓住疏解非首都功能这一“牛鼻子”，坚定不移地对非高精尖产业、区域性商品交易市场、大型医疗机构等进行疏解，坚持久久为功。对于疏解非首都功能而言，重点要对核心区和中心城区进行疏解，尤其是要率先对核心区进行疏解，以使其满足首都功能战略定位的需求。

在疏解非首都功能的同时，要通过对城市环境的整治和精细化管理，以及产业升级改造、环境优化等，改善居住环境和城市品质，增强民众获得感。为此，要将疏解腾退空间优先用于保障中央政务功能、预留重要国事活动空间，用于发展文化与科技创新功能，用于增加绿地和公共空间，用于补充公共服务设施、增加公共租赁住房、改善居民生活条件，用于完善交通市政基础设施，保障城市安全高效运行。

七、减量和发展的关系

减量和发展的关系是首都经济治理面临的根本性问题，其核心和关键是疏解非首都功能和减量之后能否实现高质量发展。或者说，疏解非首都功能之后，在“四个中心”战略定位基础之上，首都还需不需要经济高质量发展。很显然，减量和发展的关系就是要回答首都经济治理的问题，要在实现减量的同时推动发展，通过减量发展实现绿色发展、创新发展、包容性发展和高质量发展。北京要真正融合好都与城，实现都与城的协调发展，需要处理好减量和发展的关系，开创减量发展的新范式。这意味着，北京通过疏解非首都功能实现减量之后，并非不要发展，而是要按照新发展理念来实现高质量发展，为中国实现减量的高质量发展探索新路径。

减量仍然需要围绕疏解非首都功能展开，注重降低人口密度、严控建设总量、调整用地结构、严控建筑高度，注重实行最严格的水资源管理制度、严格控制用水总量，确定人口规模、用地规模和平原地区开发强度，实施人口规模、建设规模双控，守住人口总量上限、生态控制线和城市开发边界这三条红线，以“双控”“三线”倒逼发展方式转变、产业结构转型升级、城市功能优化调整，实现各项城市发展目标的有机统一。因此，减量为城市发展的环境创造了新约束，要求城市发展在新局限之下展开。

减量并非不要发展，而是要通过减量实现从粗放式发展向内涵集约式发展转变，实现高质量发展。如果只有减量没有发展，首都治理的转型就不会取得成功，更无法支撑首都功能战略定位。从这个意义上看，减量与发展是一体两面，它要求通过减量实现产业转型升级，通过高精尖产业体系、创新驱动发展体系、新服务业体系、数字经济和服务贸易等新经济来带动首都高质量发展。首都经济治理能否取得成功，北京能否通过减量实现高质量发展，不仅会影响疏解非首都功能的成效，更是直接决定着北京能否为首都功能战略定位提供高质量的经济发展支撑。

八、政府和市场的关系

政府和市场的关系也是首都治理需要面临的重要关系，它与减量和发展的关系同属于城市经济治理范畴。事实上，无论是“都”的功能实现，还是“城”的功能实现，都离不开经济高质量发展，而要实现经济高质量发展就需要处理好政府和市场的关系，建立“亲”和“清”的政商关系，发挥企业家精神，让经济增长有活力。

在处理政府和市场的关系、激发企业家创业活力、创造良好营商环境方面，北京一直处于全国前列。2019 年 10 月 24 日，世界银行《2020 年营商环境报告》正式发布，中国排名跃居全球第 31 位，相比上年提升 15 位，这是中国继上年从第 78 名提升至第 46 名之后实现的又一重大飞跃。北京作为样本城市，得分为 78.2 分，在上年大幅提升的基础上，当年再次提升 4.6 分，超过部分欧盟国家和经合组织（OECD）成员国水平，开办企业、获得电力、登记财产、保护中小投资者、执行合同等 5 个指标进入全球前 30 名。2020 年 3 月，北京发布《北京市优化营商环境条例》，对完善市场环境、加强和改善政务服务、推进监管和执法等进行了详细规定，为处理政府和市场的关系提供了法治保障。

在为企业提供便利化服务的同时，也需要加强对企业的监管，维持公平竞争的市场环境，让每一个主体能够公平地参与竞争。这就需要首都在监管的法治化、科学化、智慧化方面下功夫，切实提升监管实效。通过加强监管，让政府职责得到有效发挥，从而为市场长期可持续发展创造良好的环境，实现政府监管与市场成长的协同演进。因此，首都治理在处理政府和市场的关系中，除了大力改善营商环境之外，非常重要的内容是推进监管水平提升，让营商环境水平与监管水平同步提升。

九、保护和利用的关系

首都作为全国文化中心，拥有历史文化的“金名片”，面临着在历史文化和现实生活中处理保护和利用的关系的问题，尤其是对老城的保护和利用。北京老城是中华文明源远流长的伟大见证，具有无与伦比的历史、文化和社会价值，是北京建设世界文化名城、全国文化中心最重要的载体和根基。严格落实老城不能再拆的要求，坚持“保”字当头，以更加积极的态度和科学手段做好老城整体保护。只有老城得到妥善保护，其文化价值、历史价值和社会价值才可能得到有效发挥，才可能实现可持续发展。要让老城保护的成果更好地惠及民众，需要在保护与利用、保护与参与、保护与融合、保护与创新等几个方面下功夫。

通过处理好老城保护与利用的关系，在保护的同时，让老城中的文化传承更多向民众开放，让民众感受到老城的魅力，实现在利用中保护老城。这意味着，在通过疏解和提升扩大老城整体空间水平和品质的同时，要做好老城对民众的开放，让民众能够与历史、文化和传统进行亲密接触。通过处理好老城保护与参与的关系，让民众参与到老城保护中来，成为老城保护的重要支持力量，为老城保护提供更加坚实的民间基础和民意根基。老城作为空间的一部分，不可能是封闭的，而是嵌套在民众的生产、生活与生态布局中。老城保护要获得好的效果，要具有可持续性，就必须调动民众的积极性，让民众参与到老城保护的全过程中。通过处理好老城保护与融合的关系，让民众享受老城保护带来的便利生活，这要求在保护老城时，注重将老城保护与城市生活品质提升、民众居住环境改善等融合起来，让老城在民众生产生活中得到有效保护。这意味着，在老城保护中，要系统地考虑民众需求，将老城与民众需求清单进行有机对接。通过处理好老城保护与创新之间的关系，让民众享受老城保护与现代科学技术有机结合带来的新体验和新感受。老城要有生命力，必须要跟随时代步伐进行创造性转化，这样的老城才是“活”的老城，才能够满足一代又一代人对老城的记忆和期待。

十、政府和社会的关系

首都治理不仅需要处理政府和市场的关系、保护和利用的关系，还需要处理政府和社会的关系，尤其是需要处理政府和基层社会之间的关系，推进超大城市基层治理创新，夯实首都治理的基础。事实上，近些年来首都在基层治理改革中进行了一系列探索，通过吹哨报到、“接诉即办”、街道改革等，重新调整政府和社会的关系，正在逐步形成具有首都特色的共建共治共享社会治理新格局。

首都需要处理好政府和社会的关系，首先需要加强首都基层政权建设，为首都基层社会治理奠定坚实的组织基础。郡县治，天下安。基层治理是国家治理的基础，建立简约高效的基层治理体系是国家机构改革的方向之一。作为基层治理核心的基层政权处于国家政权的末梢，自上而下的压力型体制和自下而上的反馈缺失导致了基层治理的不平衡性。这种基层治理不平衡表现为治理能力与治理任务不匹配、治理专业性与治理技术不匹配、治理资源与治理需求不匹配，产生了基层官员疲于应付、基层问题层出不穷和基层群众不满意等问题。针对基层治理的种种问题，首都从吹哨报到的机制改革开始，系统推进街道改革、权责调整和共建共治共享治理格局，探索建立了一种内外平衡、简约高效的基层治理体系。通过吹哨报到、街道改革和权责调整，首都建立了自上而下和自下而上相平衡的内部基层治理体系。通过共建共治共享，首都建立了国家主导和社会自治相平衡的外部基层治理体系。这意味着，处理政府和社会的关系，不能单纯依靠政府管制，还需要让社会参与进来，通过共建共治共享来激发社会活力，真正形成人人有责、人人尽责的社会治理共同体。在建构平衡的基层治理体系中，党的领导和以人民为中心是基石，前者是平衡的领导者，后者是平衡的目的。

第四章

超大城市的发展治理 I

2022 年 6 月 27 日至 6 月 30 日，北京市第十三次党代会召开。会议强调："新征程上，摆在我们面前的根本任务，就是要大力推动新时代首都发展。""新时代首都发展"的提出是这次党代会最重大的战略举措和最重要的理论成果，具有鲜明的首都特色，它标志着"建设一个什么样的首都、怎样建设首都"这一重大时代课题的探索取得突破性进展，为未来五年首都工作指明了方向。

新时代首都发展既不是从天上掉下来的，也不是从石头缝中蹦出来的，它是党领导超大城市规划、建设、发展、改革和治理的理论结晶、实践结晶和历史结晶。新时代首都发展可以从多个维度来理解，会形成不同的认知模型、观念建构、价值判断和行为结果，并最终导致不同的现实结果。这意味着，完整、全面、科学、系统地理解新时代首都发展，对于更好贯彻党代会精神具有举足轻重的作用。

从公共管理学的角度看，要理解新时代首都发展，既需要引入历史的维度，在历史发展脉络中厘清新时代首都发展的演进过程，又需要引入机制的维度，在因果逻辑关系中探究首都发展不同要素之间的关系①。为此，我们借鉴社会学者赵鼎新所定义的历史社会学范式②，尝试建构历史治理学的视角，将历史叙事和机制叙事有机结合起来，以期把握新时代首都发展的演进阶段、内在机理和全景图像，这也是发展治理需要讨论的核心议题。简而言之，历史治理学的视角需要我们回答首都治理经历了哪些阶段，不同阶段之间的逻辑关系

① 杨立华．历史行政学或历史公共管理学及其他：国家治理研究的历史之镜．中国行政管理，2022（6）.

② 赵鼎新．时间、时间性与智慧：历史社会学的真谛．社会学评论，2019（1）.

是什么，当下阶段的内在机制和逻辑是什么。这三个问题并非完全独立的，而是紧密联系的。

一、新时代首都发展代表首都治理的最新实践

首都治理既会受到自身发展规律的制约，又会受到中国国家发展进程的影响。这意味着，首都作为独立运行的系统，会按照自身节奏前行；而首都作为中国的子系统，又会按照国家发展逻辑和意志行动。子系统和系统之间存在多维复杂互动，有时是相向而行，有时则是相背而行，治理的张力和合力共同推动首都治理演进。对于 1949 年至 2022 年的中华人民共和国首都城市史，如何将其划分为不同的阶段，使得人们更清晰地把握其发展脉络，是历史治理学首先需要回答的问题。北京市第十三次党代会报告首次对首都城市发展阶段进行了划分，即将这一历史划分为首都建设（20 世纪 50 年代—20 世纪 80 年代）、首都经济（20 世纪 90 年代—2012 年）和首都发展（2012 年至今）三个时期，并对每一个时期的标志性事件进行了列举，以重大事件来论证阶段划分的合法性。应该说，提出新中国首都城市史的发展阶段问题，以及依据标志性事件进行概念建构，是此次党代会报告的一大亮点，提升了报告的厚重感。

那么，首都建设、首都经济和首都发展这三个阶段的划分是否具有合理性呢？简而言之，历史按照时间叙事，时间叙事的理由和逻辑是否恰当，是评判历史治理学解释力的首要标准。历史本身是一个时间运行的结果，对其理解需要研究者的观念建构，而这种观念建构是否合适，既取决于研究者所拿出的证据和论证过程，更取决于这一证据和论证过程被历史的亲历者、观察者和思考者的接受程度。对此，我们可以从党和国家的发展历程以及首都北京自身发展历程中寻找三个阶段划分背后的逻辑与理由，从而探究阶段划分的观念基础、事实依据和观念事实匹配性。2021 年 11 月 11 日，党的十九届六中全会审议通过了《中共中央关于党的百年奋斗重大成就和历史经验的决议》，该决议将党和人民的奋斗史划分为四个阶段，即新民主主义革命时期、社会主义革命和建设时期、改革开放和社会主义现代化建设新时期和中国特色社会主义新时代。从决议的表述看，主要是从主要任务出发，根据不同时期所要解决的根本性问题来对不同阶段进行划分。从这个意义上看，首都建设、首都经济和首都发展三个阶段的划分与社会主义革命和建设时期、改革开放和社会主义现代化建设新时期、中国特色社会主义新时代具有内在契合性：首都建设对应社会主

义革命和建设时期，首都经济对应改革开放和社会主义现代化建设新时期，首都发展对应中国特色社会主义新时代，分别承担首都治理中的建设、经济和发展任务。

改革开放以来，中共中央、国务院先后四次批复北京城市总体规划，除了1983年批复的总体规划称为“北京城市建设总体规划”之外，1993年、2005年和2017年批复的总体规划都是“北京城市总体规划”。这说明，1993年之前首都北京的主要任务仍然是建设问题，使用“首都建设”来概括这一时期的特点是合适的。1993年和2005年批复的“北京城市总体规划”则代表了首都经济发展阶段，这一时期的主要任务是经济改革和发展。2012年以来，以2017年批复的城市总体规划为代表，首都北京发展思路发生根本性变化，它通过“从北京发展转向首都发展，从单一城市发展转向京津冀协同发展，从聚集资源求增长转向疏解非首都功能谋发展，从城市管理转向超大城市治理”①，实现发展阶段的跨越，从而迈入首都发展时期。

二、新时代首都发展继承首都治理的历史经验

基于历史治理学的视角思考新时代首都发展，另一个重要议题是新中国成立以来的首都城市史在哪些方面对新时代首都发展产生了影响，或者换一种说法，新时代首都发展从首都历史上继承了哪些治理经验。事实上，历史治理学研究也需要回答历史是如何对现实产生影响的，并且需要提出影响路径和逻辑的概念性框架，从而让人们能够认识到历史的重要性。历史何以对当下治理产生影响？对这一问题的回答，重点需要讨论两个关键议题：一是历史是什么，二是历史影响的途径和机制是什么。

对历史可以有很多不同分类，历史治理学重点关注物质史、制度史和思想史三个层面的内容，这也是讨论历史的价值和作用的前提条件。物质史强调的是自然、建筑、城市风貌、空间布局、地形等，它偏向物理事实，如老城就是物质史最好的体现，关于文物的讨论都与物质史有关，所有的首都治理都在一定的空间基础上展开。制度史强调的是行政区划、规则、规范、城市规划、规章制度、组织机构等，它偏向制度事实，如城市总体规划就是制度史最好的体

① 蔡奇．在习近平新时代中国特色社会主义思想指引下奋力谱写全面建设社会主义现代化国家的北京篇章：在中国共产党北京市第十三次代表大会上的报告．(2022-07-04) [2023-05-12]. https://zt.bjcc.gov.cn/rdztarticle/600210976.html.

现，关于组织、机构和规则的讨论都与制度史有关，离开了制度，任何治理都会失去支撑。思想史则强调的是习惯、观念、态度、文化、风俗、民情等，它偏向心灵事实，如首都文化就是思想史最好的体现，关于文明、文化、道德、伦理的讨论都与思想史有关，离开了思想，任何治理都会失去灵魂。事实上，物质史、制度史和思想史三者并非截然分开，物质中可能包含制度和思想，制度和思想需要通过物质来呈现，如建筑会体现文化风格，文化通过物质载体呈现，制度会对物质的使用、维护和开发进行规范，最典型的是土地制度对作为物质资源的土地的规范。

历史影响的途径和机制主要是通过解释和反馈两种方式发挥作用。这里的解释机制主要是指，对于当下发生的问题，我们可以寻找历史事件作为解释变量。关于城市文化的讨论都可以追溯到很长的历史，从历史中寻找当前行为合理性的理由。例如，北京的一个重要特色是历史上长期作为首都发挥作用，这种首都的城市定位对于当下首都治理也会产生较大影响。反馈机制主要是指某一个历史事件、制度和政策会对后续产生持续影响，这里的反馈可能是正反馈，也可能是负反馈。例如，首都北京 2012 年以来发生巨大变化的一个重要原因是历史的负反馈，即“大城市病”与人们对首都的定位有偏差，这成为推动首都治理变革的重要原因。同样，北京市民一直存在讲政治的品质，这也使得首都治理能够更容易得到市民的理解和认可。

北京市第十三次党代会报告提出“新时代首都发展”的命题，这一命题包含了很多历史因素，既包括对历史上成功经验和做法的继承和传承，又包括对历史上产生的遗留问题的改革和创新，很好地实现了传承与创新之间的平衡。简而言之，无论是历史中的积极因素还是消极因素，都会以一定方式对当下治理产生影响。“四个服务”“人文北京、科技北京、绿色北京战略”“奥运遗产”“历史文化名城”“首善标准”“改善民生福祉”等都体现了历史对当下新时代首都发展内涵与外延的影响，新时代首都发展在继承中实现创新。与此同时，针对环境污染、违法建筑、交通拥堵、功能定位不清等历史制度和政策产生的问题，党的十八大以来，首都北京进行了一系列改革，而这些实践可以用“新时代首都发展”这一命题来进行概念化。因此，只有从历史的维度来梳理首都治理，才能够更好地看清新时代首都发展的内在逻辑和合理性。

三、新时代首都发展建构首都治理的框架结构

历史治理学不仅重视历史学的阶段叙事，还重视治理学的机制叙事，讨论

不同发展阶段不同治理主体之间通过逻辑互动形塑治理格局，并产生预期或非预期的治理绩效。这里对预期与非预期治理绩效的划分，主要是依据治理目标和治理任务的标准来进行：当治理绩效与治理任务、治理目标具有一致性时，就是预期的治理绩效，而当两者不一致时，就是非预期的治理绩效。当然，非预期的治理绩效，有些可能是正面的，有些可能是负面的。由于人类理性的有限性、环境的变动性，任何治理都不可避免地会产生非预期的治理绩效。而对于非预期的治理绩效，如何进行适应性调整，是对人类治理的最大挑战。从这个意义上看，首都城市史可以看作不同时期的治理设计、治理任务、治理目标、治理行动和治理绩效的复杂互动过程，治理绩效通过反馈推动新的治理设计，创造新的治理任务和治理目标，并且引发新的治理行动和治理创新，如此循环往复，这是治理史的内在机理。这里我们只对“新时代首都发展”这一命题的内在逻辑进行梳理，以探究其机制和因果关系。

新时代首都发展所面临的治理情景是“超大城市治理病”，以及原有的治理模式已经不能够适应新时代的发展需求。2014 年 2 月 25 日至 26 日，习近平总书记对北京考察，对推进北京发展和管理工作提出 5 点要求，这些要求中既有从正面的角度提出的目标，如明确城市战略定位、提升城市建设特别是基础设施建设质量和健全城市管理体制等，又有从反面的角度提出的需要解决的问题，如疏解非首都核心功能、遏制城市“摊大饼”式发展、应对雾霾污染、改善空气质量等。从这个意义上看，新时代首都发展命题首先是应对问题，围绕解决首都治理中面临的重大问题而展开。一般而言，问题都是与观念和价值相比较的结果，这也说明此前的首都治理和城市发展已经不能够适应新形势、新要求和新期待。

新时代首都发展回应了“建设一个什么样的首都、怎样建设首都”这一时代课题，它针对根本性问题提出了框架性思维。2017 年 2 月 23 日至 24 日，习近平总书记三年后再次考察北京，指出：“城市规划在城市发展中起着重要引领作用。北京城市规划要深入思考‘建设一个什么样的首都、怎样建设首都’这个问题。”“建设一个什么样的首都、怎样建设首都”这一根本性问题的提出，标志着首都治理迈出关键一步，这也是发展自主性的体现。首都城市发展需要围绕这一根本性问题展开，“进一步处理好‘都’与‘城’、‘舍’与‘得’、疏解与提升、‘一核’与‘两翼’的辩证关系，紧紧围绕实现‘都’的功能来布局和推进‘城’的发展，以‘城’的更高水平发展服务保障‘都’的功能”[①]。为此，实践探索需要围绕着目标（建设一个什么样的首都）和手段（怎样建设首都）这两个问题展开，尤其是要讨论手段对目标的实现程度，以及通过何种手段能够实现预期目标。这是一个首都探索和首都试验的过程，也是北京市第十三次党代会报告中所讲的“总书记既部署‘过河’任务，又指导解决‘桥或船’问题，为我们提供了破解各方面难题的金钥匙”。对于“建设一个什么样的首都”，党代会报告明确提出：“力争率先基本实现社会主义现代化，建设好伟大社会主义祖国的首都、迈向中华民族伟大复兴的大国首都、国际一流的和谐宜居之都。”这对首都发展从实现社会主义现代化、中国首都、民族复兴和国际一流等维度进行了建构，对首都的多维内涵进行了阐述，为首都发展指明了方向。

对于“怎样建设首都”，党代会报告从新时代首都发展的本质、根本要求、出发点和落脚点、标准等四个方面进行了论述，其内在机理、运行逻辑和复杂关系正在清晰化。首都功能实现仍然是新时代首都发展的核心内容，它既提供了各方面工作的重点，又明确了衡量成效的准则。新时代首都发展取得成功的关键在于“四个中心”功能建设和“四个服务”水平提升，统一于服务好党中央和服务好人民群众。新时代首都发展并非不要发展，而是要高质量发展，这就要求能够立足新发展阶段、贯彻新发展理念、融入新发展格局。当前北京的做法就是实施“五子”联动，即国际科技创新中心建设、“两区”建设、全球数字经济标杆城市建设、以供给侧结构性改革创造新需求、以疏解北京非首都功能为“牛鼻子”推动京津冀协同发展。新时代首都发展的出发点和落脚点是让人民生活幸福，这也是贯彻人民至上、以人民为中心、“人民城市人民建，人民城市为人民”的具体体现。当前北京的做法就是以“接诉即办”改革为抓手，通过回应民众诉求、解决问题和提升治理水平，来满足“七有”需求，实现“五性”要求，不断增强人民群众的获得感、幸福感、安全感。这里的“七有”具体指幼有所育、学有所教、劳有所得、病有所医、老有所养、住有所居、弱有所扶，“五性”强调便利性、宜居性、多样性、公正性、安全性，都是民生治理范畴。新时代首都发展需要衡量标准，这一标准就是首善，党代会报告提出：“北京各方面工作具有代表性、指向性，首善之区要率先示范，立标杆，树旗帜。”

---

① 蔡奇．在习近平新时代中国特色社会主义思想指引下奋力谱写全面建设社会主义现代化国家的北京篇章：在中国共产党北京市第十三次代表大会上的报告．(2022－07－04)［2023－05－12］．https：//zt. bjcc. gov. cn/rdztarticle/600210976. html.

要做好首都工作，实现新时代首都发展，就要处理好变与不变之间的关系，在变化中寻找永恒和不变的东西，在坚守原则中应对风险和挑战，实现持续发展。事实上，党的十九届六中全会提出的伟大建党精神，即坚持真理、坚守理想，践行初心、担当使命，不怕牺牲、英勇斗争，对党忠诚、不负人民，以及百年奋斗的十条历史经验，即坚持党的领导、坚持人民至上、坚持理论创新、坚持独立自主、坚持中国道路、坚持胸怀天下、坚持开拓创新、坚持敢于斗争、坚持统一战线、坚持自我革命，都是为了寻找成功背后的法宝，并通过主动认知来为未来道路提供精神力量。同样，北京市第十三次党代会报告提出新时代首都发展，也是基于对治理经验的总结，这些经验事实上构成了新时代首都发展的基本原则，即：必须牢记看北京首先要从政治上看，必须牢固坚守首都城市战略定位，必须把新发展理念贯穿到首都发展各领域和全过程，必须大力推进高水平改革开放，必须始终把人民对美好生活的向往作为奋斗目标，必须坚持稳中求进工作总基调，必须坚持党要管党、全面从严治党。可以期待，会后五年甚至更长时间中，首都北京继续坚持这些基本经验，按照新时代首都发展的各项要求开展工作，达成率先基本实现社会主义现代化的目标。

第五章

超大城市的发展治理Ⅱ

党的二十大报告指出："高质量发展是全面建设社会主义现代化国家的首要任务。"贯彻新发展理念，建构新发展格局，是实现高质量发展的路径。从发展界面视角看，"五子"联动是新时代首都发展界面的重构，本质上是对首都高质量发展经络的创新性构造，它是适应国际国内环境变化、落实中央精神和战略部署、优化调整首都资源要素结构、实现内外互动和融合的创造性产物，从根本上看是习近平新时代中国特色社会主义思想在京华大地形成的生动实践和理论成果。"五子"联动推动首都高质量发展这一时代命题是否成立，其判断标准是首都发展界面的建构与实际绩效之间是否具有因果关系，即预期目标是否实现。

要进一步发挥"五子"联动的高质量发展效应，需要在如下几方面进行改革：(1) 破除体制障碍，为"五子"联动推动首都高质量发展提供治理结构支撑；(2) 衔接国家战略，为"五子"联动推动首都高质量发展提供政策空间支撑；(3) 重组内部要素，为"五子"联动推动首都高质量发展提供资源动力支撑；(4) 注重各子联动，为"五子"联动推动首都高质量发展提供协同增效支撑；(5) 锚定功能定位，为"五子"联动推动首都高质量发展提供评价标准支撑；(6) 参与国际竞争，为"五子"联动推动首都高质量发展提供全球资源支撑。

一、从发展界面视角思考"五子"联动

2021 年，北京市落实中央精神，探索构建新发展格局的有效路径，提出要在紧要处落好"子"，即：率先建设国际科技创新中心，抓好"两区"建设，建设全球数字经济标杆城市，以供给侧结构性改革引领和创造新需求和深入推

动京津冀协同发展。2022 年 6 月，北京市第十三次党代会进一步提出：“‘五子’联动推进，形成叠加效应，持续提升高质量发展水平。”2023 年 1 月，北京市政府工作报告明确未来 5 年工作思路，再次指出：“必须牢牢把握以中国式现代化推进中华民族伟大复兴的使命任务，完整、准确、全面贯彻新发展理念，坚持‘五子’联动服务和融入新发展格局，着力推动高质量发展，努力在新征程上一马当先、走在前列”。自此，北京市在建构新发展格局、探索中国式现代化道路方面，形成了“五子”联动推动首都高质量发展的时代命题。

从图 5-1 可以看出，“五子”联动作为发展界面创新，受到目标、外部环境和内部结构影响，发展界面创新只有与目标、外部环境和内部结构相契合，才可能真正实现首都高质量发展。“五子”联动所形成的发展界面并非单一界面，而是多层次嵌套界面。一方面，每一个“子”可以作为发展子界面，“五子”就会形成五个发展子界面。另一方面，“五子”联动可以作为系统层面的发展界面，它们是作为要素的每一个“子”聚集的产物，两“子”之间、三“子”之间、四“子”之间和五“子”之间都可以形成联动的发展界面，当然“五子”联动是最大的发展界面。对于发展子界面的分析，以及系统层面的发

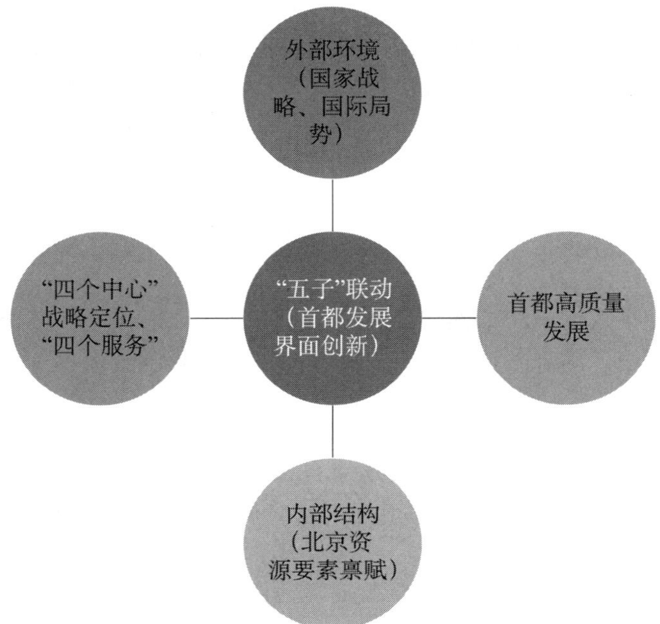

图 5-1　从发展界面视角理解“五子”联动的理论逻辑

展界面的分析，由于治理尺度不同，每一种界面所面临的目标、外部环境和内部结构也有所不同。

根据变化的国内外环境，中国提出了贯彻新发展理念、建构新发展格局和推动高质量发展的战略布局。北京市既要贯彻落实，又需要作出表率，主动融入新发展格局，为国家分忧。要融入新发展格局，就需要充分结合北京市城市战略定位，利用自身资源禀赋，寻找解决之道。“四个中心”战略定位、“四个服务”的要求是首都北京高质量发展的约束条件。从“四个中心”战略定位看，北京市拥有科技优势和国际交往优势，因此需要围绕建设国际科技创新中心、建设服务业和自贸区等改革开放、发展数字经济等未来产业“落子”；做好“四个服务”，需要在优化供给和提升消费环境方面“落子”。由此可见，北京的“五子”既是建构新发展格局的有效路径，更是落实“四个中心”战略定位和提升“四个服务”水平的创造性举措，很好地将国家战略和北京实际进行了融合。

二、“五子”联动的发展界面创新逻辑

“五子”联动推动首都高质量发展构成了构建新发展格局的北京命题和北京答案，主要回答“五子”联动的首都发展界面何以实现高质量发展，其核心仍然是贯彻国家战略和发挥自身优势的有机结合，其关键在于各“子”自身的充分发展以及“子”与“子”之间的联动和叠加效应，从而形成了首都高质量发展生态。“五子”中的各“子”首先代表了对首都发展的关键经络的抽取，这些“子”的充分发展既是首都发展的重要组成部分，又对首都发展起着重要支撑作用。

建设国际科技创新中心是“五子”之首“子”，具有牵一发而动全身、四两拨千斤的作用。一方面，建设国际科技创新中心是国家赋予北京的使命，是“四个中心”战略定位的重要组成部分，要以服务国家科技自立自强为目标，充分发挥北京的科技和人才优势，集中力量开展“卡脖子”关键核心技术攻关，实现更多“从 0 到 1”的突破。在全球竞争的背景下，北京大力发展和建设国际科技创新中心对于实现中国式现代化和中国经济发展转型都尤其重要。另一方面，建设国际科技创新中心也是其他四“子”自身高质量发展的支撑，尤其是推动全球数字经济标杆城市建设的基础。事实上，京津冀协同发展也需要发挥国际科技创新中心的引擎作用，以科技创新推动高质量协同。

“两区”建设是“五子”中的第二“子”，也是连接国内国际双循环的桥梁，其核心功能是保证系统的开放性，重点是服务业扩大开放综合示范区建设2.0方案的推进，以及规则、规制、管理、标准等制度型开放先行先试，为构建人类命运共同体作出北京贡献。北京作为国际交往中心，“两区”建设也是其应有之义。简而言之，只有开放和融入国际社会，才可能成就国际交往中心。推进“两区”建设，有利于其他各“子”更好地利用国际资源来推动自身发展，避免封闭搞发展。事实上，国际科技创新中心、全球数字经济标杆城市等都包含“国际”元素，利用好“两区”的红利也是它们高质量发展的关键。

数字经济是“五子”中的第三“子”，它既代表了经济发展的前沿和未来趋势，也是检验其他各“子”高质量发展的试金石，其主要抓手是全球数字经济标杆城市建设。中国正在推行数字经济、数字社会、数字政府三位一体建设，北京将数字经济作为第三“子”，是落实国家战略的具体体现。科技创新是否领先，在经济领域中的表现就是数字经济占整个经济的比重是否达到一定水平，是否能够实现经济、社会和治理的数字化转型，是否能以数字经济引领经济发展的新方向。

以供给侧结构性改革引领和创造新需求是“五子”中的第四“子”，它的核心是通过苦练“内功”实现自身经济结构的调整和高质量发展，通过供给高质量产品满足高品质需求，其重点仍然是产业结构调整。对于北京而言，要推进“高精尖”产业发展、科技服务业发展以及不同产业之间有机融合。满足人民对美好生活的需求是一切高质量发展的最终目的，这也提醒我们从需求角度来衡量各“子”的功能。

深入推动京津冀协同发展是“五子”中的第五“子”，它是从空间的角度来考虑首都高质量发展，核心仍然是疏解非首都功能，通过推进首都“通勤圈”“功能圈”“产业圈”建设，打造现代化首都都市圈。第五“子”为其他各“子”提供了广阔的空间，也让首都发展更好惠及更多人群，推动区域协调发展。应该说，这五“子”之间存在复杂的关系，可以建立两“子”、三“子”、四“子”和五“子”之间的多重非线性关系，并通过非线性关系来激发发展潜能。

“五子”联动推动首都高质量发展这一时代命题是否成立，其判断标准是首都发展界面的建构与实际绩效之间是否具有因果关系，即预期目标是否实现。这里的预期目标，既包括各“子”的目标，又包括整体的高质量发展目标。根据2023年北京市政府工作报告，在国际科技创新中心建设方面，北京市培育了一批新型研发机构，中关村示范区企业总收入年均增长10%以上，北京跻身世界知识产权组织发布的全球百强科技集群前三名，突破了一批“卡脖子”技术，涌现出一批世界领先原创科技成果。在“两区”建设方面，北京市累计形成近200项全国首创性、突破性开放创新举措，55项最佳实践案例和经验向全国复制推广。在数字经济方面，“京通”“京办”“京智”三个智慧终端推广应用，国际大数据交易所设立运营，数字经济增加值占地区生产总值比重达到42%左右。在供给侧结构性改革引领和创造新需求方面，北京市经济总量跨越4万亿元大台阶，人均地区生产总值超过18万元，居各省（区、市）首位，达到发达经济体中等水平。在京津冀协同发展方面，交通、生态、产业等重点领域率先突破，现代化首都都市圈正在形成。

三、进一步发挥“五子”联动的高质量发展效应的建议

应该说，“五子”联动推动首都高质量发展既是对党的十八大以来首都发展经验的总结，也是一个从经验到理论自觉的过程，当前已经取得初步成效。展望未来，北京要推动新时代首都发展，还需要继续沿着“五子”联动推动首都高质量发展这条北京路径走下去。要进一步发挥“五子”联动的高质量发展效应，需要在如下几方面进行改革：

破除体制障碍，为“五子”联动推动首都高质量发展提供治理结构支撑。由于“五子”联动是首都发展界面的重构，既涉及子界面，又涉及系统界面，这就需要在治理结构上为发展界面的充分发展提供支撑。政府部门是按照专业化分工来推进工作的，而“五子”联动发展界面则是根据首都高质量发展的需求来建构的，如何在政府职责与发展界面之间建构匹配关系，是治理结构讨论的核心问题。当前“五子”中的不同“子”都需要有牵头部门，有些“子”的牵头部门比较明确，如推动京津冀协同发展、“两区”建设、国际科技创新中心建设等，但是发展数字经济、以供给侧结构性改革引领和创造新需求等则不太明确。此外，对于如何发挥“五子”联动的协同效应，还没有进行探索。为此，我们建议北京市可以参考“四个中心”的治理模式，推进“五子”联动的治理模式创新，破除体制机制障碍，为首都高质量发展创新治理体制机制。当前，北京市可以依托智慧城市和数字政府建设的契机，尝试在“五子”联动的数字发展界面方面进行探索，实现治理的数字化转型，以治理的数字化转型为首都高质量发展提供新型治理体制机制保障。

衔接国家战略，为“五子”联动推动首都高质量发展提供政策空间支撑。北京市作为首都要在中国式现代化探索中作出表率和走在前列，就需要围绕“五子”联动，对标对表国家重大战略，在落实国家战略中实现自身发展。“五子”中的每一“子”都涉及国家重点重大战略，这就需要北京对国家战略进行系统梳理、对北京实际情况进行客观调研，在北京实际与国家战略之间找到衔接点，寻找更多先行先试的政策试点机会，通过北京政策试点为国家整体战略转型提供地方经验。建议相关部门对“五子”联动中的国家与北京多层次治理实践进行分析，对多层次治理中的经验进行总结，对多层次治理中的短板进行研判，并进一步提出需要国家提供的政策支撑。在北京与国家的互动方面，“五子”中的有些“子”互动较多，如建设国际科技创新中心、推动京津冀协同发展等；有些“子”刚刚起步，如“两区”建设；有些“子”还需要加强，如发展数字经济、以供给侧结构性改革引领和创造新需求。

重组内部要素，为“五子”联动推动首都高质量发展提供资源动力支撑。“五子”联动推动首都高质量发展，关键还是要苦练内功，加强首都自身要素的高质量发展，如教育、科技、人才、资本、营商环境、民生服务等，这些事实上也是经济高质量发展的基础。为此，建议北京市围绕“五子”联动所形成的发展界面，系统梳理在产业、营商环境、人才、教育、服务等方面存在的不足，尤其是一些关键性节点的不足，提出改革建议。

注重各子联动，为“五子”联动推动首都高质量发展提供协同增效支撑。当前，北京市在推动“五子”联动时，更多的还是注重各“子”的发展，在通过“联动”来实现叠加增效方面还存在不足。为此，北京市需要系统梳理不同“子”之间可能的联系点，可以先进行两两联动，在两两联动的基础之上，实现“三子”“四子”等联动，并最终真正达到“五子”联动，释放联动所带来的协同效应。

锚定功能定位，为“五子”联动推动首都高质量发展提供评价标准支撑。评价“五子”联动是否推动首都高质量发展，可以有多个维度。要素或子系统维度，主要是看每一个“子”是否实现了自身预期目标。为此，北京要实现“五子”联动推动首都高质量发展，就需要对每一个“子”设定发展目标，并且对“五子”联动设定整体目标，否则没有目标约束，就不会有行为约束，更不可能发挥激励作用。“五子”联动的目标体系最好能够向社会公布，或者至少纳入各个政府部门的考核指标体系，这样才能使得“五子”联动从蓝图转化为行动，并最终带来首都高质量发展。当然，衡量“五子”联动的总目标仍然要围绕“四个中心”战略定位以及“四个服务”来展开，最终是其在多大程度上推进了国际和谐宜居之都的建设。

参与国际竞争，为“五子”联动推动首都高质量发展提供全球资源支撑。北京要实现“五子”联动推动首都高质量发展，还需要考虑国际环境，在全球发展的背景下实现首都高质量发展。为此，建议北京市围绕国际上类似“五子”联动中各“子”发展较好的城市进行对标对表，通过国际比较梳理北京市的优势和短板，通过参与全球竞争来实现“五子”联动，在国际视野之下实现首都高质量发展。

第六章

超大城市的基层治理 I

理想的基层治理体系应该是一种平衡的治理体系，它需要各方力量有效平衡以推动问题得到解决、民众需求得到满足和社会良性运行[①]。现实中，作为基层治理核心的基层政权由于处于国家政权的末梢，其自身的能力、资源与专业具有有限性，与自上而下的压力和自下而上的需求的双重冲击形成了鲜明的反差，导致了基层治理体系的不平衡性，这种不平衡性诱发了各种基层治理的困境与问题。从不平衡走向平衡是基层治理改革的方向，也是理解各个地方开始推行基层治理改革的“钥匙”。简而言之，基层治理改革的路径存在差异，但是总体方向是从不平衡的基层治理体系走向平衡的基层治理体系。

首都基层治理改革始于“街乡吹哨、部门报到”的机制改革，并尝试通过街道改革、权责调整、社区共治共享的结构性、制度性和系统性变革来建立简约高效的基层治理体制。这使得基层治理的首都经验受到越来越多的学者关注，并且上升到国家改革的顶层设计层面。对于首都基层治理改革，一些学者从问题解决、街道赋权等角度进行了讨论[②]。本章将从重构平衡的简约高效基层治理体系视角出发，把基层治理嵌入国家治理体系中来思考，为基层治理的首都经验提供一种新的解释，强调首都基层治理改革通过机制改革、制度改革、机构改革和社会改革等一系列改革，重构了内外平衡的基层治理体系，实现了从不平衡的基层治理体系向平衡的基层治理体系转型，这应该是基层治理的首都经验最深层次的启示。

---

① 何哲．构建平衡的国家治理观：破解国家治理的单一理论神话．探索，2019（2）．

② 孙柏瑛，张继颖．解决问题驱动的基层政府治理改革逻辑：北京市“吹哨报到”机制观察．中国行政管理，2019（4）．

本章具体安排如下：首先，将基层政权置于国家政权体系中进行考察，认为目前基层治理中存在的各种问题源于自上而下的压力型体制和自下而上的反馈缺失导致的基层治理的不平衡性，这种不平衡表现为治理能力与治理任务不匹配、治理专业性与治理技术不匹配、治理资源与治理需求不匹配等三个方面；其次，从重构平衡的基层治理体系出发，对首都基层治理改革提供了一个新的解释性框架，将这种平衡定义为内部结构平衡和外部结构平衡两个方面；再次，从内部结构平衡的角度，讨论了吹哨报到、街道改革和权责调整等首都基层治理改革是一种强化基层政权的内部平衡的过程；复次，从外部结构平衡的角度，讨论了结构改革、互动改革和供需改革是一种国家与社会关系的再平衡；最后，指出党的领导和人民中心是重构平衡的基层治理体系的基石，两者既是平衡体系的设计者，又是平衡体系的行动者，两者的良性互动为平衡提供了保障。

一、国家政权末梢的基层政权体系：不平衡及其问题

郡县治，天下安。地方治理是国家治理的基础，其治理能力和水平直接关系国家的长治久安。很多学者将改革开放以来中国经济增长归因于地方政府间的实验与竞争，这进一步说明了地方治理的重要性[①]。基层治理又是基础中的基础，它是国家与社会之间互动的界面和接触点。一方面，国家的法规、政策和计划都需要在基层落实，所谓“上面千条线，下面一根针”；另一方面，民众通过直接与基层政府打交道来实现自身诉求，所谓国家治理的“前端”。这意味着，作为基层治理重要治理主体的基层政权既是国家和地方政府的代理人，又是回应民众诉求的主体。基层政权的多重角色、民众的多样性诉求和基层公共事务的复杂性使得基层治理面临着较多的挑战和难题。因此，国家政策的落实和民众获得感的增强，都依赖基层治理的质量。

越来越多的学者认识到，国家治理应该遵循平衡逻辑，只有建构国家治理的平衡观才能够实现国家治理体系和治理能力现代化[②]。罗豪才教授等人最早将平衡论思想引入行政法，强调现代行政法不应是管理法、控权法，而应是“平衡法”，其存在的理论基础则应当是“平衡论”，即在行政机关与相对一方

① Xu C. The fundamental institutions of China's reforms and development. Journal of economic literature，2011，49（4）.

② 周雪光．权威体制与有效治理：当代中国国家治理的制度逻辑．开放时代，2011（10）.

的权利义务关系中，权利与义务在总体上应当平衡[①]。何哲对国家治理的单一理论神话进行了批判，提出了建构一种平衡的国家治理观的设想，并认为平衡意味着体系之间的平衡和条件约束，以及人与制度之间的平衡，这从理论的角度论证了国家治理平衡观的重要性[②]。事实上，财政联邦主义学者很早就认识到平衡性对于政府间关系的重要性，他们主张财政联邦主义的理论基础之一就是实现财政平衡原则，认为在不同层级政府之间划分职责时应该遵循该原则[③]。

国家治理平衡观，不仅是一种理论的存在，更是一种现实的存在。很多学者尽管没有提出国家治理平衡观，但是他们使用了与平衡相对的“矛盾”来讨论国家治理的基本性问题，并将国家治理放入一对根本性矛盾中来讨论，而破解矛盾就是形成平衡的过程。周雪光是从矛盾论的角度研究中国国家治理逻辑的代表性学者，他在发现中国国家治理一系列矛盾的基础之上，将中国国家治理的基本性问题归结为“权威体制与有效治理”之间的矛盾，认为这对矛盾可以解释中国国家治理中重复出现的现象，如集权与放权的交替往复、整顿治理的运动型机制、绵延不断但收效甚微的政治教化活动、举步维艰的科层政府理性化和法制建设发展、政策执行中的变通和共谋行为等[④]。集权与分权的讨论，也涉及平衡问题，需要建立一个平衡集权与分权的中央与地方关系治理模式，以实现“统治风险”最小化[⑤]。

基层治理体系是国家治理体系的组成部分，也需要建构平衡的简约高效基层治理体系。基层治理质量的高低，取决于能否构建平衡的简约高效基层治理体系。对于基层治理体系而言，当来自上面的压力过大，或者来自民众的诉求过多，而基层政权又没有足够能力和资源应对时，就会产生不平衡的基层治理体系，这是基层治理问题产生的根源（见图 6－1）。从图 6－1 可以看出，由于基层政权处于国家治理体系的末梢，也是民众需求和诉求的前端，这使得不平衡的基层治理体系既可能来自体制内部，涉及基层政权与体制中条块政府的关系，也可能来自社会外部，涉及基层政权与民众和社会的互动过程。体制内部的不平衡主要是由自上而下的压力型体制与自下而上的反馈缺失所导致，这意

① 罗豪才，袁曙宏，李文栋．现代行政法的理论基础：论行政机关与相对一方的权利义务平衡．中国法学，1993（1）．

② 何哲．构建平衡的国家治理观：破解国家治理的单一理论神话．探索，2019（2）．

③ Olson M. The principle of “fiscal equivalence”: the division of responsibilities among different levels of government. The American economic review, 1969, 59（2）．

④ 周雪光．权威体制与有效治理：当代中国国家治理的制度逻辑．开放时代，2011（10）．

⑤ 曹正汉．中国的集权与分权：“风险论”与历史证据．社会，2017（3）．

味着基层政权没有进一步释放压力的渠道，在缺乏与上级政府谈判力的情况之下，就会使得基层政权处于弱势而导致体制内不平衡。相比之下，地方政府尽管面临着来自中央政府的压力，但是它仍然可以将这种压力传递给基层政权以实现自身的平衡。体制外部的不平衡主要是由基层政权的资源有限性与民众需求的多样性之间的差距所导致，这意味着基层政权在面临多样性需求时缺乏与之匹配的能力、资源和专业性。

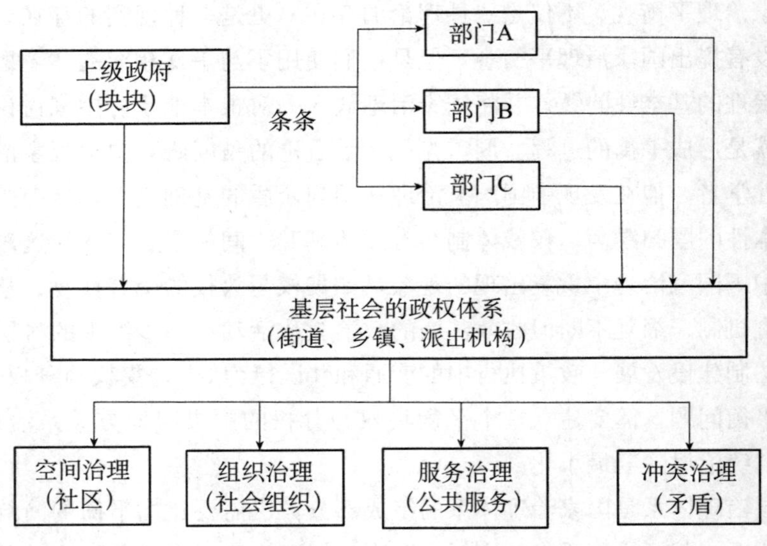

图 6-1　不平衡的基层治理体系

为了讨论的方便，我们将基层治理体系的不平衡性划分为如下三类，即治理能力与治理任务不匹配、治理专业性与治理技术不匹配、治理资源与治理需求不匹配。这些不平衡，导致了基层治理中面临的种种问题。基层政权与上级政府和国家之间是委托与代理关系，由于科层行政系统的特征，基层政权需要服从上级政府的命令，执行国家的政策、法令和规章。“上面千条线，下面一根针”是对基层政权的最好刻画，基层政权需要同时接受来自块块政府和条条政府的指令，这使得基层政府所面临的治理任务是多样化的。与多样化任务相比，基层政权的治理能力普遍不足，很多乡镇政府一般只有 50 个左右的编制，却需要应对上级政府和 50 多个县级部门的行政要求。很多上级政府或部门为了完成自身的任务，通过监督的方式来促使基层政权完成任务，这使得基层政权面临着各种各样的检查和监督，检查和监督成为基层政权的新负担。针对减负，中共中央办公厅 2019 年 3 月印发《关于解决形式主义突出问题为基层减负的通知》，要求解决层层发文、层层开会的文山会海问题，督查检查考核过多过频和过度留痕问题，切实为基层减负，激励基层干部担当作为。在目前不平衡的科层体制之下，基层治理经常会出现权责不对称、条块分割、权力有限责任无限等问题。除了治理能力不足之外，基层政权也普遍存在激励不足的问题，公务员没有积极性去应对和完成复杂的治理任务，激励的缺乏进一步限制了治理水平和治理能力提升。

科层体制除了导致治理任务与治理能力不匹配之外，还会导致治理专业性与治理技术不匹配。中国治理改革的一个重要特征是治理技术水平提升，治理的精细化程度越来越高，有学者称之为从总体支配到技术治理转型①。治理技术化是与行政科层化联系在一起的，它要求按照韦伯的科层逻辑来运行，形式化、规范化、标准化、理性化和技术化等是其基本特征。在治理技术化的进程中，国家和上级政府为了加强对行政系统的控制发展了很多技术，典型技术包括目标责任制、绩效管理、网络化管理、项目制、“互联网＋政务服务”等。一方面，这些治理技术使得行政体系的运行效率提升，加快了科层制的形成；另一方面，科层化的过程也增加了基层政权的适应成本。这意味着，基层政权也需要以治理专业性来回应治理技术化的要求，而基层政权的人员构成、素质和规模都难以适应治理技术化的转型。当前，这种不平衡性使得基层政权疲于应付，出现了很多形式主义，如以数字应对数字，项目的绩效主要是依靠上报表格来实现，与基层治理的实际效果没有直接联系。

压力型体制和向上负责使得基层政权在完成上级任务和回应民众需求过程中将工作重点放在前者而忽略后者，这会形成治理资源与治理需求之间的不匹配。这种不平衡性构成了基层治理体系的外部不平衡，它意味着基层政权不能够将资源有效配置到民众最需要的问题上。导致外部不平衡最重要的原因是上级政府的议程设置与民众的议程设置之间存在错位。基层政权的主要议程由上级政府设定，这使得基层政权以满足上级政府的需求作为主要职责，可能无法及时回应民众需求。当上级任务与民众需求不契合时，基层治理会出现很多问题。以河北某乡镇为例，上级政府将保卫蓝天、维护稳定等作为主要任务，这使得乡镇政府需要将主要时间和精力配置到这些方面，而这些任务有时候与民众的诉求和需求存在冲突与矛盾。维护稳定通常会使得民众的利益诉求表达受到制约，而过多投入资源用于上级政府的治理任务也使得基层政权不能将有限

① 渠敬东，周飞舟，应星．从总体支配到技术治理：基于中国30年改革经验的社会学分析．中国社会科学，2009（6）．

资源投入到民生问题的解决之中。在这种不平衡的基层治理体系之下，政府提供的公共服务很可能并不是民众需求的，而民众需求的公共服务政府又不能够及时供给。简而言之，在基层公共事务治理、公共问题解决和公共服务提供方面，存在供给与需求之间不匹配、事务下移而重心没有下移等问题。这也会导致在基层治理中，政府与民众之间相互不信任。

二、迈向内外平衡的基层治理体系：理解中国基层治理改革路径的解释性框架

针对不平衡的基层治理体系，各个地方都开启了多样化的基层治理改革来应对难题，提升基层治理水平和能力。在这些不同的基层治理改革路径中，目前比较有影响和典型的改革路径主要有三种，即上海改革①、浙江改革②和首都改革。上海改革和首都改革代表了在大城市中探索基层治理改革的路径，而浙江改革则是省级层面实施基层治理改革的典型代表。它们的很多改革经验，都被广泛学习、研究和借鉴，有很多经验被上升到国家层面在全国范围推广。

上海改革可以追溯到2005年的区域化党建，大范围改革始于2009年，而2015年则是改革系统化的分水岭，它代表了上海率先探索出大城市基层治理改革的集成经验。早在2005年，上海就开始探索通过区域化党建来实现条块整合。2009年，上海市委、市政府发布《关于进一步加强社会建设的若干意见》，明确街道具有“监督专业管理”的职能。与此同时，上海市静安区探索在街道层级推行大部制改革，将街道原有的十几个科室调整为“六部一室”，对应街道职能调整了部门设置。上海市2014年将“创新社会治理，加强基层建设”列为市委一号重点课题开展调研，并于2015年形成了“1＋6”文件成果，形成了基层社会治理改革的“上海经验”。“1”是《关于进一步创新社会治理加强基层建设的意见》，提出了创新社会治理加强基层建设的基本原则，即坚持党的领导、坚持核心是人、坚持依法治理、坚持改革创新、坚持重心下移，并针对街道体制改革、乡镇治理体制改革、社区治理体制改革、村级治理体制改革、区域化党建改革、社会组织改革、网络化管理改革、基层队伍改革等提出了系统化方案，这为上海街道和乡镇体制良性运行提供了“顶层设

① 叶敏．城市基层治理的条块协调：正式政治与非正式政治：来自上海的城市管理经验．公共管理学报，2016（2）.

② 吴锦良．“枫桥经验”演进与基层治理创新．浙江社会科学，2010（7）.

计”的思路。“6”是深化街道体制改革、创新居民区治理体系加强基层建设、组织引导社会力量参与社区治理、深化拓展网格化管理提升城市综合管理效能、完善村级治理体系加强基层建设、社区工作者管理办法等 6 个配套文件，这些配套文件是对《关于进一步创新社会治理加强基层建设的意见》的完善和细化。上海改革试图为建立完善的基层治理体系和治理能力现代化提供系统的解决方案，而改革方案中最有影响的还是街道改革，主要是致力于解决条块矛盾，通过赋权增能来处理好街道和区政府部门派出机构与垂直机构之间的关系，这是体制内纵向和横向系统的全面改革，实现了属地管理与专业化管理的有效平衡。

与上海改革在街道改革方面的影响相比，浙江改革更多以社会改革为重点，在促进政府与社会良性互动、鼓励社会自治方面进行了有益探索。20 世纪 60 年代初，浙江省诸暨市枫桥镇干部群众创造了发动和依靠群众，坚持矛盾不上交、就地解决的“枫桥经验”。1963 年，毛泽东曾亲笔批示“要各地仿效，经过试点，推广去做”。2013 年起，浙江省桐乡市率先开始自治、法治和德治合一的基层社会治理实践探索，成为新时代的“枫桥经验”。针对桐乡经验，有研究者指出：“桐乡市按照‘费随事转、权随责走’的原则，梳理了村（居）委会‘需依法履行的 36 项事项’和‘需协助政府工作的 40 项事项’两份清单，划清‘行政权力’与‘自治权利’界限，推动基层自治组织职能回归。”[①] 这意味着自治的前提是处理好与政府的关系，政府为自治提供框架结构。在促进“三治整合”的实践中，浙江省桐乡市发展了百姓议事会、乡贤参事会、百事服务团、道德评议团等来为自治、法治和德治提供组织基础。事实上，浙江桐乡“三治融合”只是近些年来浙江基层社会治理改革的一个典型代表，浙江其他地方还推行了类似改革，如：“奉化等地探索的村务村民公决制度、天台民主决策的五步法，尝试为乡村公共事务治理建立规范化的民主秩序；温岭的系列‘民主恳谈’实践着力将协商民主引入基层治理过程，以协商增强公共事务治理的公共理性；武义的村监会及宁海的‘村级小微权力 36 条’，尝试为乡村公共权力的运行建立有效的监督制约机制；新昌的乡村典章致力于糅合村民自治制度与村规民约，培育乡村秩序的内生机制；浦江通过弘扬教义文化，挖掘乡村传统道德资源在基层治理中的作用”[②]。由此可见，基层治理的浙江改革

① 郁建兴，任勇．中国基层社会治理中的自治、法治与德治．学术月刊，2018（12）.

② 张文显，徐勇，何显明，等．推进自治法治德治融合建设，创新基层社会治理．治理研究，2018（6）.

更多在重新发现社会，通过培育自治精神，让社会能够实现良性运行与协调发展，改变国家强社会弱的局面。

首都基层社会治理改革始于党建引领的“街乡吹哨、部门报到”机制创新，随后通过街道改革、权责调整、“接诉即办”、社会共建共治共享改革等一系列改革，逐步发展成为一场系统、全面和深入的基层治理体系改革，它是对上海改革和浙江改革的进一步深化和发展，为中国社会基层治理体系改革提供了重要的样本和经验。首都基层治理社会体系改革正在探索建立简约高效的基层治理体系。一旦从重构平衡的基层治理体系角度思考基层治理改革，上海改革、浙江改革和首都改革就可以放在统一框架下思考，它们分别代表了从不平衡的基层治理体系走向平衡的基层治理体系的多样性路径，不同改革恰恰代表了从不平衡走向平衡的地方试验。这些改革的不同路径，体现了改革主体对不平衡的各个方面认知，改革过程就是对不平衡的基层治理体系的各个要素再平衡的过程，整体都属于对重构平衡的基层治理体系的探索。

结合前面对不平衡的基层治理体系的表现形式和问题的讨论，我们可以在国家与社会关系的框架下，将平衡的基层治理体系总体上划分为内部平衡和外部平衡两个层面，重构平衡的基层治理体系是内部平衡和外部平衡的再平衡过程[①]。一方面，平衡的基层治理体系依赖国家政权为基层政权发挥作用提供良好支撑，这是基层治理体系内部平衡的核心内容；另一方面，平衡的基层治理体系依赖社会自身的活力和自治力、基层政权与社会组织的有效合作，这是基层治理体系外部平衡的核心内容。基层公共事务是内部平衡和外部平衡的连接者，不同治理主体因为基层公共事务治理而发挥作用，共同形成了基层治理体系。只有实现内部平衡与外部平衡，简约高效的基层治理体系才有可能建构。在重构平衡的简约高效基层治理体系中，党的领导和人民中心发挥重要作用，党是平衡的设计者、领导者、促进者和稳定者，而人民则是平衡的参与者、接受者和目标对象，两者共同构成了平衡的简约高效基层治理体系的基石（见图 6－2）。

通过图 6－2 的分析框架可以看出，所有的基层治理改革都需要探索基层政权与基层社会之间的关系，重心下移与赋权增能是针对基层政权而言，共建共治共享的治理格局则是针对基层社会而言，核心是两者之间关系的再平衡。上海的改革者拥有系统性思维，他们将基层社会治理改革中各个要素、各个领域和

① 李文钊．理解中国城市治理：一个界面治理理论的视角．中国行政管理，2019（9）.

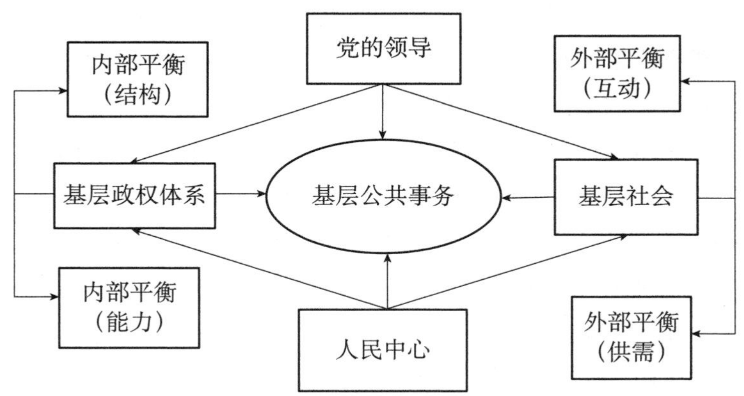

图 6－2　重构平衡的基层治理体系：一个分析框架

各个方面放在统一的框架之下来思考，是大城市基层社会治理体系改革的最早探索者。“1＋6”的文件体系是这个改革的重要成果，而街道改革最富特色，也最具典型性和可扩展性。浙江的改革者主要是认识到社会具有自治的能力和可能性，通过激活和赋权社会，基层社会中的很多问题就可以在自发秩序中得到解决。首都改革具有良好的前期基础和后发优势，它代表了基层治理体系改革的集成创新和最新探索，具有系统性、全面性和深入性的特征。为了叙事的方便，接下来我们将重点结合基层治理改革的首都经验讨论平衡的基层治理体系的建构，在这个意义上首都经验具有可扩展性，它为中国基层治理体系改革提供了首都方案。

三、基层治理体系的内部平衡机制建构：吹哨报到、街道改革与权责调整

针对治理能力与治理任务不匹配、治理专业性与治理技术不匹配等问题，北京以吹哨报到机制改革为先导，通过街道改革、条块关系再调整和整合机制建构等一系列举措，实现治理重心和资源下移、权责匹配以及治理专业性和能力提升，开启了基层治理体系的内部再平衡。对于科层系统中的权责不平衡、资源配置不平衡和能力不平衡，基层人员用“看得见的管不住，管得着的看不见”“五指分散不成拳”“八个大盖帽管不了一个破草帽”等进行了非常形象的概括。这些问题，从根本上涉及基层社会中各种正式政府机构之间关系的调整，尤其是涉及街乡等基层政权与条块之间的关系，表面是基层公共问题得不

到有效治理，其背后是基层社会中政府机构的权力配置、职责关系和整合机制问题。只有建立内部平衡的基层治理体系，才能够对科层资源进行有效配置，实现基层政府机构与基层公共事务之间的有效匹配。对于基层公共事务治理，需要处理两个根本性问题：一个是不同的公共问题分别由哪些部门来负责，这是对基层社会中各种政府机构权责的界定；另一个是一个公共问题需要多个部门来配合，涉及跨部门、跨层级、跨领域的问题时，如何进行有效的集体行动。

北京基层治理改革始于处理跨部门、跨层级、跨领域的问题，它试图通过吹哨报到的机制改革来实现条块关系的整合。北京基层治理改革发源于平谷区在治理金矿盗采时开创的“乡镇吹哨、部门报到”机制，在随后的系统思考中升华为“党建引领、街乡吹哨、部门报到”，并且被纳入 2018 年的一号改革，在全市推广。如果仅仅是吹哨报到机制改革，北京基层治理改革就还不足以体现其影响力和重要性。为了更好地推行吹哨报到机制改革，北京抓住了街道改革这一重点，开启了全方位的基层治理改革。随着基层治理改革的深入，北京正在探索一套建构内部平衡的基层治理体系的系统方案，这一方案最核心的内容是以街道改革为主线，通过职能调整、机制改革和制度改革来建构适应基层公共事务特征的基层治理模式（见图 6－3）。

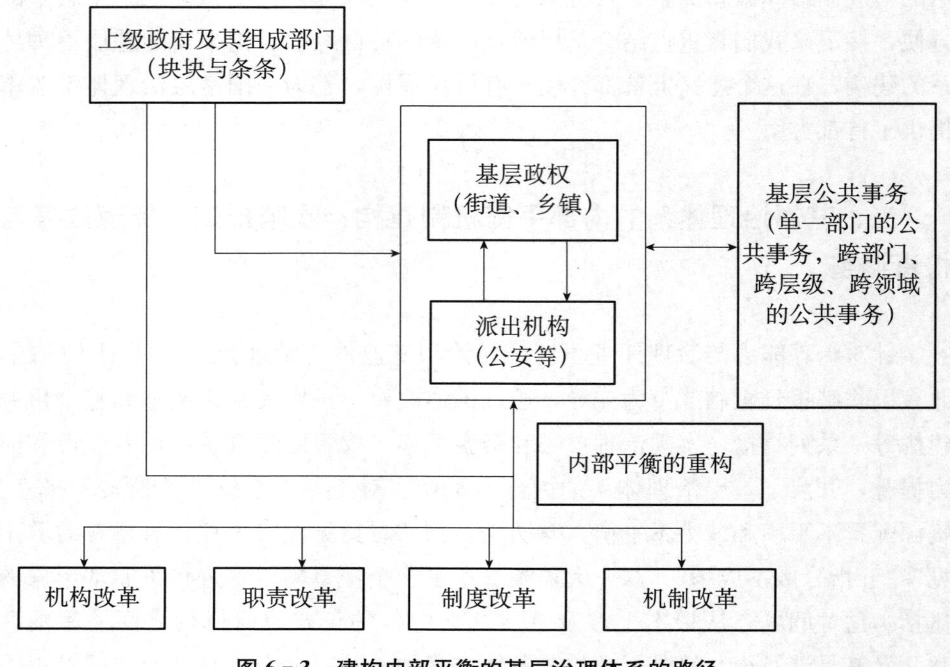

图 6－3　建构内部平衡的基层治理体系的路径

北京基层治理改革起源于吹哨报到机制改革，其核心和重点是对基层社会的政权体系进行再调整，建构简约高效的基层治理体系。如图 6－3 所示，对于基层社会的政权体系而言，以街道、乡镇为代表的基层政权和政府部门的派出机构是主体，基层治理体系的内部平衡主要是处理多层级的条块关系，建构一个重心下移、权责一致、相互协同、与基层公共服务相匹配的基层政权体系。在基层政权体系改革中，以街道、乡镇为代表的基层政权又是关键点，北京基层治理改革正是以街道改革为抓手，通过对街道的机构、职责的调整，以及对街道与派出部门关系的调整，对不平衡的内部基层治理体系进行了重构。我们将北京重构内部平衡的基层治理体系改革划分为四个方面，即机构改革、职责改革、制度改革和机制改革。这些改革既是对中央精神的贯彻，也是首都经验的探索。北京在探索基层社会治理改革时，形成了一系列规范性文件，这是巩固改革成果的重要手段（见表 6－1）。与此同时，这些文件也进一步说明，吹哨报到只是改革的触发机制，随后北京进行了以街道改革为主线的基层治理系统改革。

表 6－1　首都基层社会治理改革文件体系

时间	文件名称	核心内容
2018 年 2 月	《关于党建引领街乡管理体制机制创新实现“街乡吹哨、部门报到”的实施方案》	基层社会治理改革
2018 年 4 月	《北京市街道党工委和办事处职责清单（试行）》	街道职责清单
2019 年 2 月	《关于加强新时代街道工作的意见》	街道改革
2019 年 3 月	《关于深化党建引领“街乡吹哨、部门报到”改革的实施意见》	基层社会治理改革
2019 年 11 月	《北京市街道办事处条例》	街道改革

“街乡吹哨、部门报到”的目的是通过机制改革来促进问题解决，其核心是条块关系的调整。一旦考虑在什么情况之下，街道可以吹哨，政府部门的派出机构需要配合街道采取行为，这就涉及基层社会中不同治理主体的权责划分。时任北京市编办副主任吴松元明确指出，街道职责清单是吹哨报到的试点基础[①]。2018 年 4 月，北京市编办、市委组织部联合印发《北京市街道党工委和办事处职责清单（试行）》（京编办发〔2018〕12 号，以下简称《北京街道职

① 吴松元．街道职责清单：“吹哨报到”的试点基础．前线，2018（8）．

责清单》)。《北京街道职责清单》分党群工作、平安建设、城市管理、社区建设、民生保障、综合保障 6 个职责板块,共 111 项。在《北京街道职责清单》中,街道"负责""承担"的主责主业约占 24.1%,"组织""协调"其他部门共同完成的职责约占 34.5%,"参与""协助""配合"的职责约占 41.4%。2019 年出台的《关于加强新时代街道工作的意见》和《北京市街道办事处条例》将街道的职责定位为公共服务、城市管理和社会治理三个方面,将街道能力建设概括为统筹协调能力、服务能力、管理能力和动员能力,这使得街道职能更加清晰,为建立简约高效的基层治理体系奠定了职能基础。

职能改革最终需要落实到机构上,这是中国特色的机构、职能与编制三定规定的核心内容。机构改革是建构内部平衡的基层治理体系的基础,其核心是处理基层社会中不同政府机构之间的关系,主要包括:(1)对街道办事处自身内部机构的调整;(2)街道办事处与派出机构之间的关系;(3)街道办事处与下级机构之间的关系。根据《北京市街道办事处条例》,街道办事处设立民生保障、城市管理、平安建设、社区建设、综合行政执法等工作机构。对于派出机构,《北京市街道办事处条例》提出,街道办事处行使"统一领导、指挥调度区人民政府工作部门派出机构"等职权。此外,街道还在从联合执法向综合执法转变,实体化街道综合执法机构以街道名义开展执法,公安、消防、市场监管等派驻机构需要接受街道的统一指挥调度。尽管街道是最重要的基层政权,然而要充分发挥其作用还需进一步深入基层,这涉及对基层社会中更基本单元的组织。对此,《关于加强新时代街道工作的意见》指出:"推动基层管理资源和工作力量向网格下沉,建立以街道为主体、以网格为基本单元、以街巷长为统领的基层精细化管理体系。"设置街巷长和"小巷管家"等是街道向社区和基层延伸的具体体现,也是街道机构改革的重要组成内容。

对于街道与条块关系,主要是通过制度改革来实现街道赋权,为建构内部平衡的基层治理体系奠定制度基础。《关于加强新时代街道工作的意见》重点下放给街道"六权":(1)辖区设施规划编制、建设和验收参与权;(2)全市性、全区性涉及本街道辖区范围内重大事项和重大决策的建议权;(3)职能部门综合执法指挥调度权;(4)职能部门派出机构工作情况考核评价和人事任免建议权;(5)多部门协同解决的综合性事项统筹协调和考核督办权;(6)下沉资金、人员的统筹管理和自主支配权。这些赋权实现了"不平衡权力"的"再平衡",让街道在承担属地管理职责时,拥有了更多与之相匹配的权力,避免了属地管理成为部门推卸责任的借口。

基层社会具有复杂性。基层社会政权体系由一系列政府组织或机构组成，街道只是其中之一，这使得不同政府组织之间的协调成为基层社会治理的重要难题。这些协调难题通常又被称为“条块关系”，其核心是街道、乡镇政府与派出机构和政府部门之间的关系。为了让基层社会中不同政府机构和部门之间形成合力，北京在地方探索的基础之上，形成了“街乡吹哨、部门报到”机制，要求在街道和乡镇吹哨之后，各执法部门及时报到，共同解决执法难题。为了规范不同类型的“吹哨”，北京明确了街乡吹哨的三种类型，即综合执法类吹哨、重点工作类吹哨和应急处置类吹哨。对于“报到”，北京在解决基层问题的过程中形成了四种报到形式，即驻区党组织和在职党员双报到、执法力量到综合执法平台报到、街道干部任街巷长沉到基层报到、通过“周末卫生大扫除”组织党员干部到现场报到。通过北京的经验可以看出，吹哨报到作为一种整合机制，实现了基层治理内部体系的再平衡，它是建立内部平衡的机制改革路径。

四、基层治理体系的外部平衡机制建构：问需于民、“接诉即办”与共建共治共享

基层政权体系的内部不平衡使得治理资源不能够满足治理需求，不能够适应环境对其功能的要求，这会导致基层治理体系的外部不平衡。事实上，即便基层政权体系达到内部平衡，也可能因为不能适应环境的要求，导致功能与需求不匹配，造成从平衡向不平衡的转变。当基层治理体系存在外部不平衡时，最终会通过一定的传导机制促使内部结构不平衡。简而言之，内部结构因为没有及时调整而不能适应环境，形成了结构的张力而导致不平衡。基层治理的内外平衡体系是一个动态调整的过程，也是一个相互调适和相互作用的过程，内部平衡需要适应外部平衡以确保其可持续性，外部平衡需要以内部平衡作为支撑。从基层政权体系存在的目的看，其内部结构是否平衡，其功能是否实现，最终需要接受环境的检验，即其是否实现外部平衡。“群众无感，干部不满”是内外不平衡的真实写照和形象概括，而干群紧张和冲突更是外部不平衡更复杂的表现。由此可见，外部平衡具有决定性作用，其本质是基层政权体系的功能与环境需求相匹配。

治理资源与治理需求的不匹配只是外部不平衡的直接表现，更深层次的不平衡是结构不平衡和互动不平衡。结构不平衡、互动不平衡和供需不平衡构成

了外部不平衡的三种表现形式，这三种不平衡相互作用和相互影响，形成一个系统，它们也是基层治理体系外部平衡机制重构的着眼点。结构不平衡主要是强调国家与社会在基层社会治理中所发挥作用的不平衡，无论是国家过强，还是国家过弱，都难以实现良好的基层社会治理，因此需要在国家与社会之间找到某种平衡。互动不平衡主要是强调国家与社会之间双向沟通存在偏差，要么国家不能够有效从社会中获取信息，要么社会不能够及时将信息反馈给国家。双方有效沟通是平衡的基础。供需不平衡主要是国家治理重点、治理任务、治理资源配置与民众的治理需求、社会的治理问题之间存在偏差，这种不平衡是由结构不平衡和互动不平衡引起的。结构、互动与供需构成了分析基层社会治理外部不平衡的三种主要视角，也是重构外部平衡的路径。北京基层治理改革在吹哨报到、街道改革与职责调整的内部平衡基础之上，开始关注国家与社会之间的外部平衡，促进国家政权建设和基层社会之间的良性互动，通过问需于民、“接诉即办”与共建共治共享，实现结构平衡、互动平衡和供需平衡，重新建构基层治理体系的外部平衡机制（见图 6－4）。

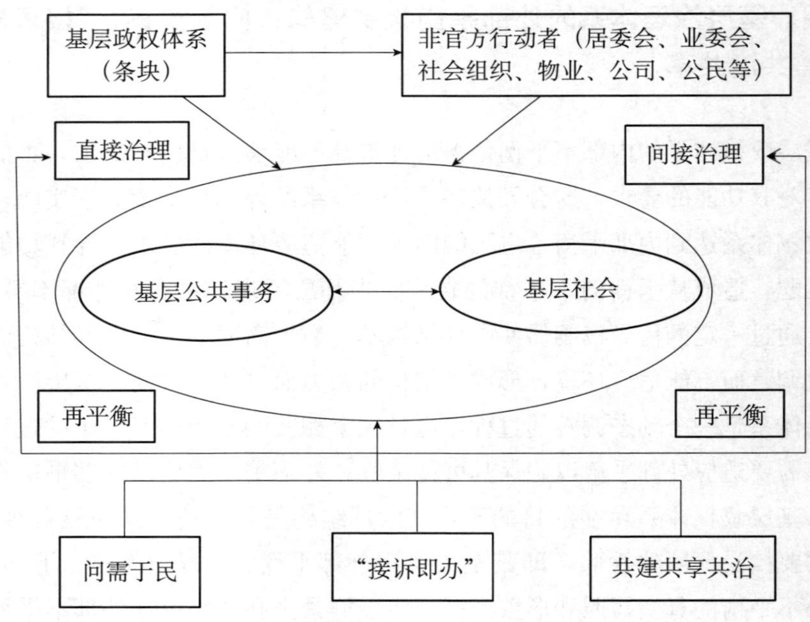

图 6－4　建构外部平衡的基层治理体系的路径

从图 6－4 可以看出，基层治理体系外部平衡机制的建构是实现规范意义的治理的途径。一般而言，治理视角下，基层社会中的国家政权建设主要通过两种途径来实现，一种是直接治理，另一种是间接治理。直接治理意味着国家作为治理行动者在基层社会中发挥重要作用。根据其他主体发挥作用的程度，直接治理可大致分为等级治理、合作治理和参与治理三种形态①。等级治理意味着国家通过强制的方式来实现基层社会治理，在某种程度上，它可以看作基层治理的“缺省状态”，即没有治理时的状态。合作治理意味着国家与其他主体共同对公共事务进行治理，政府与其他主体会受到规则的约束，相互之间通过信任、规范、网络来约束彼此的行为②。参与治理意味着国家在治理过程中处于主导地位，通过制度途径允许其他主体参与来实现权力分享，这是治理的最常见形态。间接治理意味着国家不直接参与治理过程，但是会为治理过程提供规则和约束，并在出现问题时作为争端和冲突的最后解决者。自主治理是间接治理的理想形态，如浙江推行的自治、法治和德治合一的乡村治理体系就可以看作间接治理的典型代表。在某种程度上，间接治理属于“在国家阴影”之下的治理，表面上看没有国家，但是治理离不开国家提供的制度约束和规范。基层治理体系外部平衡机制的建构过程，就是对直接治理和间接治理重新调整的过程，通过平衡国家力量与社会力量来实现治理目标。

北京在基层治理改革中，通过问需于民、“接诉即办”和共建共治共享实现结构、互动和供需平衡，从而推动直接治理和间接治理各自平衡和整体平衡。要实现治理的供给与需求平衡，就需要问需于民。事实上，群众路线是中国共产党治理国家的重要方法之一，问需于民就是群众路线的具体体现。2019年2月，北京出台的《关于加强新时代街道工作的意见》中明确提出：“推动基层管理资源和工作力量向网格下沉，建立以街道为主体、以网格为基本单元、以街巷长为统领的基层精细化管理体系。”网格管理的目的是发现问题，以便能够及时解决问题。北京市为了实现基层力量的下沉和有效协同，以网格管理为依托，将街巷长、“小巷管家”和网格员、协管员、社区工作者、志愿者、社区专员等基层力量统一纳入网格化体系“组团式”管理，统一调度使用。通过街巷长和“小巷管家”，根据问题和需求来供给治理，北京对基层治理中的供给与需求进行了再平衡。

除了问需于民外，北京市还通过“接诉即办”来回应民众的诉求，实现从政府与民众之间的单向互动向双向互动转型。从2019年1月1日开始，北京市将各类服务热线整合到12345市民服务热线，实现咨询、举报、建议、投诉

---

① 李文钊．理解治理多样性：一种国家治理的新科学．北京行政学院学报，2016（6）．

② 李文钊．论合作型政府：一个政府改革的新理论．河南社会科学，2017（1）．

“一号通”，集中受理群众诉求，将街道（乡镇）管辖权属清晰的群众诉求直接派给街乡镇，街乡镇要闻风而动、全时响应和“接诉即办”，区政府同时接到派单并负责督办。这从两个方面改变了市民服务中心的功能定位：一方面，市民与政府之间的互动媒介从多界面向单一界面转变，市民可以通过一个热线反映所有问题，这既有利于回应市民需求，又有利于政府对问题进行整合；另一方面，问题的解决机制发生了变化，市民服务中心第一时间将问题反馈给直接解决问题的机构，减少了中间环节，有利于提升行政效率。为了实现“民有所呼，我有所应”，北京市还对328个街道的响应率、解决率和满意率进行考核，将排名靠后的单位进行通报，这使得办理速度和效果都有所提升。通过“接诉即办”机制的建立，北京市提高了市民诉求反映的便利性和问题解决的快速性，通过外部机制实现了内部平衡，对市民需求与资源配置进行了有效匹配。

要实现基层治理体系的外部平衡，除了实现政府与市民之间有效互动之外，还需要在合作治理和自主治理上下功夫，真正形成共建共治共享的治理格局。北京市非常重视社区和社会组织在基层治理中的作用，形成社区和社会组织参与基层治理的共建共治共享格局。要形成共建共治共享的治理格局，一方面政府要通过购买服务、协作网络等方式来实现合作共治，另一方面也需要发挥社会自治力量，促进社区自治和激励社会组织参与社会治理。目前北京市正在通过完善社区职责清单、改革社区组织机构体系、提升社区服务能力和水平、改进社区治理方式、为社区治理提供保障等措施，来重新定位和调整社区的角色，规范和整合社区内不同组织的角色与作用，促进社区治理体系的现代化。此外，北京市还非常重视社会组织的发展，通过一系列的政策、组织和资金支持，来发展生活服务类、公益慈善类、居民互助类及针对特定群体的社区社会组织，以满足市民多样化的需求。

五、内外平衡的基层治理体系建构的基石：党的领导和人民中心

平衡的基层治理体系不仅需要内部平衡结构和外部平衡结构的建构，还需要内部平衡和外部平衡之间的相互平衡。区分内部平衡和外部平衡，主要是为了进行研究和分析。事实上，内部平衡和外部平衡是一体两面，两者相互联系、相互影响和相互作用，真正的平衡是内部平衡和外部平衡的共同平衡。一方面，内部平衡结构需要适应外部平衡体系，只有与外部平衡相协调，才具有可持续性；另一方面，外部平衡结构也需要内部平衡体系来支撑，如果内部平

衡体系没有建立起来，那么最终将导致外部平衡结构被打破，从平衡走向不平衡。因此，平衡的基层治理体系是一种动态平衡，它是内部平衡和外部平衡不断相互调适和共同演化的过程。这也使得内外平衡的基层治理体系建构是一项复杂的人类技艺活动，它需要通过试错、实验、学习和设计等环节实现预期目标。

在建构内外平衡的基层治理体系中，党的领导和人民中心是基石，前者是平衡的领导者，后者是平衡的目的。中国共产党和人民在内外平衡的基层治理体系中承担着跨界性和纽带性的角色。党的领导意味着其可以统筹考虑基层治理体系的内外平衡，并且在内外平衡中处于领导者、调节者和沟通者的位置。从某种程度上看，党既是系统的设计者，又是系统的要素，党需要承担平衡的基层治理系统的设计者和参与者双重角色①。党的十九大报告提出，“完善党委领导、政府负责、社会协同、公众参与、法治保障的社会治理体制”，这就是对党在内外平衡体系中承担的角色的最好概括。在内部平衡的基层治理体系中，党的领导主要是通过整合党和国家机构来实现，让不同机构承担不同角色，对横向和纵向机构进行职能优化配置，发挥合力，这也是 2018 年党和国家机构改革的核心逻辑。在外部平衡的基层治理体系中，党的领导主要是通过整合市场和社会等各方力量来实现，承担总揽全局和协调各方的职责。人民既是内外平衡的基层治理体系的目标对象和评判者，又是内外平衡的基层治理体系的参与者。基层治理体系是否平衡，最终需要由人民来评判，评判标准主要是是否满足人民的需求，人民的需求得到满足的基层治理体系就是平衡的基层治理体系。人民也是内外平衡的基层治理体系的重要贡献者，他们在不同平衡体系中都发挥着关键作用。一方面，他们将需求和信息向基层政权反馈，在一定权限范围内自治，实现外部平衡；另一方面，他们也是内部平衡体系的重要贡献者，人民的需求是内部平衡体系得以建构的重要参考点。

与其地方相比，北京市非常重视在基层治理体系变革中坚守党建引领和以人民为中心。在推广平谷“乡镇吹哨、部门报到”经验的过程中，北京市将之重新定义为党建引领的“街乡吹哨、部门报到”实施方案，首先在全市 160 多个街道试点，随后全面推广。2019 年发布的《关于加强新时代街道工作的意见》明确提出“提高城市基层党建工作水平，加强党对基层治理的全面领导”，并且给出了实现党的领导的具体举措。这些举措非常突出街道党工委对地区治

① 李文钊．党和国家机构改革的新逻辑：从实验主义治理到设计主义治理．教学与研究，2019(2).

理重大工作的领导体制机制，完善了党工委对重大事项、重点工作和重要问题的决定权，并且强化了党工委对各类组织的领导权。党要实现对基层治理的领导，就需要加强自身建设，这使得北京市非常重视城市基层党建体系。《关于加强新时代街道工作的意见》提出："以区域化党建为重点，构建市、区、街道、社区党组织四级上下贯通，社区党建、单位党建、行业党建多方联动，基层党组织覆盖广泛、组织有力的基层党建工作体系。"这样就形成了党建的合力。党建最终需要提升基层治理质量和水平，这使得北京市非常重视党建和基层治理的深度融合，通过建设服务型党组织、发挥社区党组领导作用等来实现党建引领基层治理创新。以人民为中心是北京市推行党建引领街道改革的最终目标，更是判断一切工作好坏的最终准则。"民有所呼，我有所应""接诉即办""共建共治共享"等举措都是回应人民需求、突出人民主体地位和以人民为中心的具体体现，北京市正在建立对人民更友好和回应更便捷的基层政权体系，推动基层治理体系的深刻变革。

第七章

超大城市的基层治理Ⅱ

基层治理是国家治理的基石，基层治理的质量和水平对于国家治理体系和治理能力现代化至关重要。城市尤其是超大城市成为基层治理的主战场，城市社会的复杂性、多样性、异质性、分离性和流动性对基层治理构成了较大挑战。这也使得城市需要探索不同于乡村基层治理的全新治理理念、格局和模式，夯实城市治理体系和治理能力现代化的基础。北京、上海、成都、深圳、广州、杭州等各大城市都将基层治理作为城市治理的重心，推进城市基层改革成为各大城市治理改革的关键选项。

城市基层治理改革的丰富性、多样性和持续性，构成了基层治理实践最基本和最重要的特征性事实。一方面，多样性的城市基层治理改革可以促进学习、交流与扩散，为中国特色的城市基层治理体系建构提供经验场景；另一方面，差异化的城市基层治理改革，也有可能产生新的“巴别塔”，不同改革者自说自话，过于追求独特的“标识”，可能失去对真实和共性问题的把握。要超越多样性与差异性的分歧，同时包容一般性原理和因地制宜，就需要在城市基层治理的问题发现和问题解决方面改变思维方式，重新发现城市基层治理的设计原则。

设计原则一定是对城市基层治理根本性问题的关注，它从框架性思维出发，提出基层治理问题解决方案的“启发法”[①]。所谓“启发法”，意味着可以从设计原则出发来理解不同解决方案背后的共同逻辑，也可以从设计原则出发来寻找解决方案。2020 年 1 月 1 日，北京市正式实施《北京市街道办事处条例》，它既是北京市探索超大城市基层治理的阶段性总结和最新成果，也是北

① 李文钊．政府治理：根本性问题，分析框架与中国探索．西北师大学报（社会科学版），2020（4）.

京市建构具有首都特点的超大城市基层治理新格局的“宪法”和制度保障。为此，《北京市街道办事处条例》提供了一个重新发现超大城市基层治理设计原则的文本，我们认为城市基层治理需要处理政府、公共事务和人民三者之间的关系，构建管治、共治和自治有效协同的基层治理新格局，可以从目标、管理体制、互动、社会、支撑和保障等 6 个方面提出 10 项设计原则。

一、城市基层治理目标的设计原则：坚持党的领导和以人民为中心原则

治理现象作为一种包含着人类技艺和设计的活动，其目的性既是理解治理实践的“钥匙”，也是治理活动最终追求的方向，更是治理好坏和成效的评判标准。因此，对城市基层治理目标的讨论，构成了城市基层治理首先需要考虑的问题。就城市基层治理目标的设定而言，其核心的挑战是将国家治理的目标与城市基层情景相结合，寻找与城市基层属性相符合的目标体系。设定城市基层治理目标的过程，既是贯彻国家治理现代化目标的过程，也是因地制宜实施城市治理的过程。

对于城市基层治理目标，我们可以发现《北京市街道办事处条例》贯穿了两项设计原则，即坚持党的领导原则（设计原则 1）和坚持以人民为中心原则（设计原则 2）。在《北京市街道办事处条例》中，明确了在城市基层治理中要坚持党的领导，将党的领导以法规的形式加以呈现，并在第一条中提出“构建党委领导、政府负责、多元共治、简约高效的基层公共服务、城市管理和社会治理体制，推进基层治理体系和治理能力现代化”的总体目标。在《北京市街道办事处条例》的 50 条内容中，有 9 条涉及党的领导，对党的领导的体制机制、党建引领吹哨报到、党委领导社会治理、协商民主和公共服务等进行了系统和全面的规定，真实落实城市基层治理中党的领导。

坚持以人民为中心是《北京市街道办事处条例》有关治理目标的另一项重要原则。在《北京市街道办事处条例》中，突出了城市基层治理中人民的主体性、中心性和全面性，第九条提出：“本市按照精简、效能、便民的原则，整合相关职能，构建面向人民群众、符合基层事务特点、简约高效的基层治理体制。”为了坚持以人民为中心，《北京市街道办事处条例》提出了问需于民、问计于民和保护民众权益，要求“满足人民群众生活的便利性、宜居性、多样性、公正性、安全性需求”，重要事项和重大决策征求民众意见，切实维护民

众合法权益。

二、城市基层管理体制的设计原则：坚持职责权清晰和条块上下协同原则

治理最核心的含义是告别政府对公共事务的垄断权，通过协商、多元共治和人民参与来实现有效治理。治理并不意味着“挖空政府”和政府彻底退出，相反，政府需要承担其职责和使命，通过自身改革和能力提升来实现互动治理、协同治理、合作治理和网络治理。事实上，治理对政府能力有更高要求，它不仅要求政府自身高效，而且要求政府能够与其他主体实现有效共治。

建立简约高效的基层管理体制是中央对城市基层社会中政府职责的规划和理想蓝图，而要实现这一目标就需要寻找合适的手段。在城市基层管理体制的设计方面，北京通过探索主要找出了两条经验：一是要明确街道办事处职责；二是要各种政府力量实现有效协同。于是，《北京市街道办事处条例》将这些探索总结为两项设计原则，即坚持职责权清晰原则（设计原则 3）和坚持条块上下协同原则（设计原则 4）。

坚持职责权清晰原则，就是要处理好责权利之间的关系，要做到职责和职权有机统一。为此，一方面，《北京市街道办事处条例》第十条将街道办事处的职责划分为 7 项，包括公共服务、城市管理、社会治理、国防教育和兵役、其他 5 个类别；另一方面，《北京市街道办事处条例》第十一条赋予了街道办事处参与权、建议权、指挥调度权、统一领导权、统筹协调权、考核督办等职权，真正做到让街道有职责就有职权。此外，北京市陆续出台街道职责清单、行政执法清单和社区任务清单等三项清单，这是进一步实现职责权清晰的制度保障。

坚持条块上下协同原则，就是要处理好基层社会中各类政权之间的关系，尤其是条块之间和上下级之间的关系。《北京市街道办事处条例》最重要的创新是将党建引领“街乡吹哨、部门报到”入法，第五条指出“统筹协调、指挥调度区人民政府工作部门及其派出机构、承担公共服务职能的企业事业单位等，围绕群众诉求、重点工作、综合执法、应急处置等反映集中、难以解决的事项，共同做好辖区服务管理工作”，将条块上下协同法治化。通过条块上下协同，解决部门扯皮的难题，实现“赋权、下沉和增效”。

三、城市基层政民互动的设计原则：坚持依法行政、合作生产和合作治理原则

治理作为一种活动要转化为民众的获得感、幸福感和安全感，就需要通过具体的治理行动来实现。因此，治理行动既需要政府行为，又需要其他治理主体的行为，还需要政府与其他治理主体共同行动。党的十九届四中全会通过的《关于坚持和完善中国特色社会主义制度 推进国家治理体系和治理能力现代化若干重大问题的决定》明确提出建立职责明确、依法行政的政府治理体系，这意味着政府行为法治化成为治理改革的重要方向。而治理本身需要多元共治，这对政府的合作行为提出了要求。于是，《北京市街道办事处条例》针对城市基层社会中政府和民众的互动，提出了三项原则，即坚持依法行政原则（设计原则 5）、坚持合作生产原则（设计原则 6）和坚持合作治理原则（设计原则 7）。

坚持依法行政原则，要求政府的行为在法治的范畴内展开。《北京市街道办事处条例》的出台，本身就是城市基层治理法治化的进程，让重要的行动有法可依。此外，《北京市街道办事处条例》第十二条对“依法行政”和“依法治理”进行了明确规定，指出：“街道办事处应当依法行政，推进辖区依法治理，依法维护人民群众的合法权益。街道办事处的行政规范性文件审查、行政执法监督指导、行政复议、行政诉讼等工作应当由其负责法制工作的相关机构承担。”为了让街道办事处依法行政，《北京市街道办事处条例》第四十六条还规定区政府应当对街道办事处依法履职情况进行监督检查，并将之纳入法治政府建设考评指标体系和年度绩效考评体系。

坚持合作生产原则，要求政府和民众一道来解决问题。北京市最能够体现政府和民众合作生产原则的事项是“接诉即办”，问题发现和解决由政府和民众共同完成。为了解决民众诉求多样性和政府部门分立性之间的矛盾，首都探索重新激活 12345 服务热线，让民众通过一个热线就能够找到政府，并将自身诉求向政府反映，形成了“接诉即办”的治理创新实践。《北京市街道办事处条例》将“接诉即办”入法，在第六条中进行了具体规定。

坚持合作治理原则，要求政府、社会组织、企业等各类主体一起解决基层社会中的治理难题。北京市要求通过区域化党建实现“需求清单、项目清单、资源清单”的对接，这三项清单对接的过程，就是合作治理的过程。《北京市

街道办事处条例》对合作治理进行了明确规定，第十条提出，街道办事处的职责之一是“组织动员辖区单位和各类社会组织参与基层治理工作，统筹辖区资源，实现共建共治共享”。

四、城市基层社会发展的设计原则：坚持自主治理原则

自治、法治和德治相结合，既是乡村治理的经验，也应该在城市基层治理中得到体现。在城市基层公共事务中，很多都需要依靠民众自己的力量来解决。事实上，我们党很早就认识到群众的力量是无限的，而发动和依靠群众，坚持矛盾不上交、就地解决的“枫桥经验”就是群众自己解决困难和矛盾的典型。究其原因，这既是因为群众拥有地方知识和情景知识，他们最清楚自己的需求如何有效解决，也是因为政府资源有限，不可能解决所有问题。要发挥社区和自治组织在城市基层治理中的作用，这构成了《北京市街道办事处条例》探索超大城市基层治理的又一项重要原则，即坚持自主治理原则（设计原则8）。

坚持自主治理原则，既是城市基层治理应该遵循的一项重要原则，也是需要培养的一种技艺。《北京市街道办事处条例》明确将促进自治作为街道办事处的一项重要职责，第十条规定：“推进社区发展建设，指导居民委员会工作，支持和促进居民依法自治，完善社区服务功能，提升社区治理水平。”自主治理作为一种治理实践，要求居民通过治理技艺的培养来成功解决他们所面临的集体行动难题。这种自主治理既不是天生的，也不是可望不可即的，它需要在实践中学习和培养，在解决问题中形成习惯。北京市很多老旧小区、回迁社区都有居民实现成功自主治理的典型。为此，《北京市街道办事处条例》第三十二条规定：“街道办事处应当推动居民委员会制定和完善居民公约；指导、支持和帮助居民委员会开展居民自我管理、自我教育、自我服务、自我监督的自治活动，完成各项法定任务。”

五、城市基层治理支撑的设计原则：坚持依靠制度、技术和文化来实现基层治理原则

治理的另一种表达就是多个主体之间集体行动的有效展开，多元共治成为其内在要求。如何让不同治理主体发挥自身力量，实现有效互补，形成共同行

动的合力，成为治理的重大挑战之一。要实现不同治理主体之间相互配合、协同行动和共同作为，就需要依靠制度、技术和文化的手段来促进集体行动和目标实现。因此，坚持依靠制度、技术和文化来实现基层治理成为又一项重要设计原则（设计原则 9），从宏观意义上看，《北京市街道办事处条例》本身就是一种促进城市基层有效治理的制度探索。

坚持用制度手段来解决城市基层治理中的问题，为基层治理奠定了良好的制度基础。党的十九届四中全会精神的主题是治理和制度，核心是将制度优势转化为治理效能，其精髓是治理实践和制度体系的共生演化。一方面，我们要在国家治理实践中坚持和完善中国特色社会主义制度，使制度生命力得到展现；另一方面，我们要将国家治理实践中行之有效的做法上升到制度层面，使得国家治理效力能够持续。《北京市街道办事处条例》最为创新的地方是首次将“吹哨报到”和“接诉即办”的创新实践以法规的形式加以明确，通过制度化进一步巩固改革创新成果，这是首都落实党的十九届四中全会精神的直接体现。

坚持用技术手段来解决城市基层治理中的难题，是信息时代和智能社会对治理的必然要求。治理技术成为治理不能回避的话题，也是成功解决治理难题的“法宝”。当前，治理技术被更多用来解决城市中的交通、能源、安全等领域的“大城市病”问题，技术使得治理效能大大提升。《北京市街道办事处条例》通过应用治理技术，很好地实现了自上而下“网络管理”和自下而上“接诉即办”的有机结合，大大提升了城市基层治理的精细化水平。《北京市街道办事处条例》第二十四条指出：“街道办事处应当按照标准化、规范化、精细化管理原则，将辖区合理划分为若干管理网格，实行网格化管理，确定管理网格区域内的服务事项和监管任务，建立健全采集信息、发现需求、排查隐患、处理问题等工作流程。”这就是技术在治理中的具体应用。

坚持用文化手段来解决城市基层治理中的矛盾，通过建立信任、网络和社会资本来促进有效治理。与农村基层治理相比，城市基层治理最大的特点是其建立在陌生人或半陌生人基础之上的治理，这使得一群没有信任和社会资本的个体进行集体行动会面临更多的困难。为此，《北京市街道办事处条例》很重视对社区中人与人之间关系的建立及对社区文明和文化的培育，第四条明确提出：“街道办事处应当促进精神文明建设，弘扬社会主义核心价值观，加强宣传，教育引导辖区居民和单位遵纪守法，传承中华民族优秀传统美德，培育自尊自信、理性平和、积极向上的社会主义新风尚。”

六、城市基层治理保障的设计原则：坚持监督和激励并行原则

治理面临着“浮士德式”交易，拥有权力的人员可能滥用权力。在城市基层治理中，街道办事处被赋予更多的职权，这些职权在缺乏约束的情况之下有可能会破坏基层治理格局，更多的权力带来更多的治理失灵。治理中权力的不平衡分配一直是人类面临的“治理困境”，即便创造新的监督者，也面临着谁来监督监督者的“二阶治理困境”。因此，在城市基层治理体系中，一方面需要通过赋权、下沉和增能来提升治理能力，另一方面需要加强监督和激励来保障权力按照正常的逻辑运行。为此，《北京市街道办事处条例》将坚持监督和激励并行原则作为基层治理的一项重要设计原则（设计原则 10），以使得基层治理中各项权力在正常秩序中运行。

坚持监督和激励并行原则，就意味着既要对基层权力进行有效监督，又要调动治理主体的积极性。《北京市街道办事处条例》第三十九条规定：“市、区人民政府应当建立健全街道办事处考核评价和激励制度，其工作人员的收入水平应当高于区级行政机关同级别工作人员；年度考核奖励指标应当高于本区行政机关平均水平。”此外，《北京市街道办事处条例》还为街道开展工作提供了财政、信息和人才保障，使得街道有权、有钱、有人开展基层工作。当然，在提供保障的同时，《北京市街道办事处条例》也提出要加强对街道依法履职和整个绩效的监督考核，形成监督和激励的有效平衡。

第八章

超大城市的文化治理

习近平总书记在党的十九大报告中指出，“文化兴国运兴，文化强民族强”。党的十八大以来，北京市提出古都文化、红色文化、京味文化和创新文化等“四种文化”类型，总结出文化的凝聚荟萃功能、辐射带动功能、创新引领功能、传播交流功能、服务保障功能等“五种功能”，并且发挥文化想象力，以界面作为载体，找到了从文化要素到全国文化中心建设的路径。文化界面通过文化想象力将文化要素联系成为整体，它们也是全国文化中心建设的重要子系统，可起到纲举目张的作用。

文化界面创新是理解北京推进全国文化中心建设和做好首都文化这篇大文章的关键和核心。北京至少创造了 8 种文化界面，实现了从文化点、文化线、文化面到文化生态的跨越：(1) 以北大红楼、香山革命纪念馆等为基础建构红色文化界面；(2) 以历史文化名城和中轴线申遗等为基础建构老城文化界面；(3) 以长城、大运河和西山永定河为基础建构自然文化界面；(4) 以大戏看北京、会馆和胡同等为基础建构老北京文化界面；(5) 以首钢、798 艺术区等为基础建构工业遗产文化界面；(6) 以夏奥会和冬奥会等为基础建构奥运文化界面；(7) 以使馆区、国际人才社区和国际交往活动等为基础建构国际文化界面；(8) 以“三城一区”和全球数字经济标杆城市等为基础建构创新文化界面。展望未来，北京仍然需要以文化想象力和文化相互交融不断创造首都文化界面的新形态，激发出多层次、多领域和多形态交叠的首都文化界面体系，进而形成一种具有韧性、活力和生命力的首都文化生态。

一、文化想象力是推进全国文化中心建设的关键

2014 年 2 月 25 日，习近平总书记考察北京时指出：“历史文化是城市的灵

魂，要像爱惜自己的生命一样保护好城市历史文化遗产。北京是世界著名古都，丰富的历史文化遗产是一张金名片，传承保护好这份宝贵的历史文化遗产是首都的职责，要本着对历史负责、对人民负责的精神，传承历史文脉，处理好城市改造开发和历史文化遗产保护利用的关系，切实做到在保护中发展、在发展中保护。”从 2014 年开始，北京将全国文化中心作为首都“四个中心”城市功能定位的重要组成部分。推进全国文化中心建设既是新时代首都发展的应有之义，又对全国政治中心、国际交往中心和科技创新中心具有重要支撑作用，更是全国政治中心、国际交往中心和科技创新中心自身建设中不可分割的部分。

文化是指“一个社会中的价值观、态度、信念、取向以及人们普遍持有的见解”，本质上是一种观念现象①。要推进全国文化中心建设，就需要发挥文化想象力，对文化要素进行连接和建构，形成文化自觉，以文化凝聚人心、规范行为，并且实现文化促进城市发展的功能。人类是意义的动物，只要探索意义，就会走向文化自觉。一方面，文化本身会作为一种产品以某种方式集中呈现；另一方面，文化也会在其他系统中得以展现。以首都“四个中心”城市功能定位为例，“全国文化中心”需要通过文字、影视、老城等各种载体集中呈现，文化产业和文化公共服务是两种最典型的形态。与此同时，全国政治中心、国际交往中心和科技创新中心也会有自身文化，这些文化因素会对相应中心建设发挥重要作用。事实上，小到一个单位，如企业、学校、医院、政府部门等都会有自身的文化，这些文化对于治理的作用不可小觑。对于全国文化中心建设而言，重点是发挥一种专门对文化进行再生产的作用，通过不同载体呈现文化，实现帕森斯所提出的 AGIL（适应—目标达成—整合—潜在模式维持）中的传承功能。

在全国文化中心建设中，北京市基于文化传承、特色和资源，发挥文化想象力，创造性地构造了一系列文化界面，实现了文化的宏观愿景、中观界面和微观要素的有机统一。随着人们对全国文化中心类型和功能的进一步建构，新的文化界面也会被不断创造。当前，北京市在“四种文化”类型和“五种功能”的指引下，建构了 8 种文化界面，即红色文化界面、老城文化界面、自然文化界面、老北京文化界面、工业遗产文化界面、奥运文化界面、国际文化界面和创新文化界面。

从图 8-1 可以看出，首都文化界面并非固定和一成不变的，它会随着人们

① 亨廷顿，哈里森．文化的重要作用：价值观如何影响人类进步．北京：新华出版社，2013.

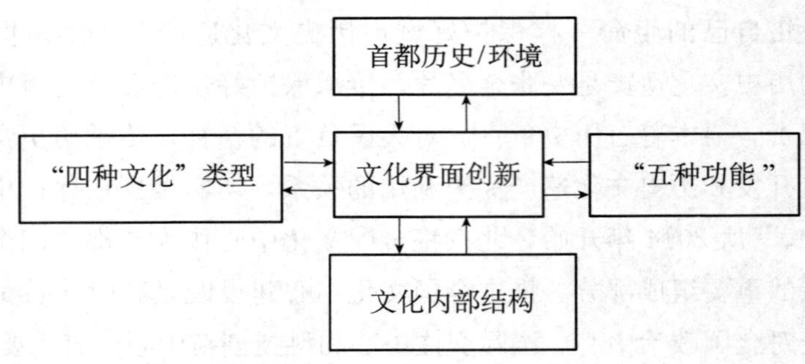

图 8-1 首都文化界面创新

的观念和想象变化而不断更新，处于一个动态演化过程中。文化类型是宏观建构，文化界面是中观建构，文化要素和结构是微观建构。文化建构服务于文化功能，文化功能对文化界面和文化类型具有牵引作用（见表 8-1）。当人们有新的文化想象力，与此同时又有与之相适应的素材时，就会形成新的文化界面。当然，如果环境和客观条件不符合，则文化想象力只能是天马行空。可以预期，随着数字化转型和元宇宙时代的到来，有可能依托元宇宙和数字技术生成新的首都文化界面，这些文化界面又可以实现社会和时代赋予的新使命。

表 8-1 首都文化类型和文化界面

<table>
<tr><th>文化类型</th><th>文化界面</th><th>文化功能</th></tr>
<tr><td>红色文化</td><td>（1）以北大红楼、香山革命纪念馆等为基础建构红色文化界面</td><td rowspan="8">凝聚荟萃功能
辐射带动功能
创新引领功能
传播交流功能
服务保障功能</td></tr>
<tr><td rowspan="2">古都文化</td><td>（2）以历史文化名城和中轴线申遗等为基础建构老城文化界面</td></tr>
<tr><td>（3）以长城、大运河和西山永定河为基础建构自然文化界面</td></tr>
<tr><td rowspan="4">京味文化</td><td>（4）以大戏看北京、会馆、胡同等为基础建构老北京文化界面</td></tr>
<tr><td>（5）以首钢、798 艺术区等为基础建构工业遗产文化界面</td></tr>
<tr><td>（6）以夏奥会和冬奥会等为基础建构奥运文化界面</td></tr>
<tr><td>（7）以使馆区、国际人才社区和国际交往活动等为基础建构国际文化界面</td></tr>
<tr><td>创新文化</td><td>（8）以"三城一区"和全球数字经济标杆城市等为基础建构创新文化界面</td></tr>
</table>

二、北大红楼、香山革命纪念馆与红色文化界面的建构

一般认为，红色文化是在革命战争年代由中国共产党人、先进分子和人民群众共同创造的极具中国特色的先进文化，蕴含着丰富的革命精神和厚重的历史文化内涵，它包括物质文化和非物质文化。北京市为了推进红色文化建设，曾经组织编辑《红色文化丛书》。根据《红色文化丛书》主编李忠杰的定义，北京红色文化主要是指："1921 年中国共产党成立至 1949 年中华人民共和国成立之间，中国共产党在北京地区领导人民群众为争取民族独立、人民解放而斗争所培育、形成和展现的革命文化。往前，回溯到五四运动前后红色文化的萌发；往后，延伸到新中国成立后到 1966 年前所创作的反映新民主主义革命的主要作品、建筑，如人民英雄纪念碑等。"通过这一定义可以看出，红色文化的主体是中国共产党领导中国人民争取独立和获得解放的革命文化，可以向前延伸至中国共产党成立之前的活动以及向后延伸至中国共产党领导中国所形成的文化。

北京市在推行红色文化建设中，很好地依据历史线索和理论逻辑建构了红色文化界面，形成了历史逻辑和理论逻辑相统一的红色文化叙事。历史逻辑要求对红色文化的想象建立在坚实的史料和事实基础之上，这使得红色文化并非空中楼阁，而是有丰富的历史证据支撑。理论逻辑要求对红色文化的想象建立在自洽的推理之中，它是一个讲故事、讲道理和产生信服力的过程，要让参与者自觉接受红色文化，并形成对红色文化的认同。这就需要在红色文化的理念和要素之上建构一个能够得到认同、符合事实的红色文化界面，以红色文化界面为基础，实现红色文化资源的保护、开发和再利用，从而达到习近平总书记所要求的"赓续红色血脉，把革命先烈流血牺牲打下的红色江山守护好、建设好，努力创造不负革命先辈期望、无愧于历史和人民的新业绩"。

北京市紧紧围绕红色文化的内涵和外延，探索形成和打造了三大"红色文化主题片区"。一是针对五四运动到建党阶段，形成了以北大红楼、中法大学旧址、京报馆旧址等为核心的主题片区。这些地点在中国共产党成立过程中提供了重要的思想基础。以北大红楼为例，许多学者和新派人物来此授课，还集中了新潮社、国民杂志社、新文学研究会、哲学研究会等许多革新团体，《新潮》《国民》《每周评论》等进步刊物就由设在红楼地下室的印刷厂印制出版。红楼是中国近代史上李大钊、陈独秀、毛泽东、鲁迅、胡适等人最早传播马克

思主义和民主科学进步思想的重要场所，是新文化运动的重要营垒，也是五四运动的策源地和中国共产党的重要发祥地之一。二是围绕抗日战争，形成了以中国人民抗日战争纪念馆为代表的抗日纪念地，它们记录了中国共产党领导人民抗战的历史。三是围绕新中国成立阶段，形成了以香山革命纪念馆、天安门地区为中心的文化片区，它们记录了新中国成立的重要历史。1949 年中国共产党进驻香山，坚持将马克思主义原理同中国具体实践相结合，用自我革命的担当精神、革命到底的斗争精神、协商建国的开创精神，解决了一个又一个难题，短短半年时间便取得了渡江战役的胜利，全面解放了中国，筹备新政协、建立新中国，用实际行动交出了一份份圆满的答卷。

三、历史文化名城、中轴线申遗与老城文化界面的建构

古都文化是首都文化的重要组成部分，它是 3 000 多年建城史和 800 多年建都史所形成的文化传承和积淀。在全国文化中心建设中，如何对古都文化进行创造性转化，并且使得它在新时代焕发新的活力，是北京古都文化治理面临的重大挑战。党的十八大以来，北京市通过贯彻“老城不能再拆”的理念，以老城整体保护来为古都文化传承提供物理空间基础，这也是推进历史文化名城建设的具体举措。在实行老城保护的同时，北京市以中轴线申遗为契机，对古都文化的内涵和外延进行了重新发掘，形成了新的文化界面，这也标志着古都文化保护和传承进入新阶段。

国家历史文化名城是 1982 年根据北京大学侯仁之、建设部郑孝燮和故宫博物院单士元三位先生的提议建立的一种文物保护机制。北京是第一批国家历史文化名城入选者，承担着探索保护、传承和利用新机制的使命。事实上，国家历史文化名城本身就是一种文化界面的构建，它将文化要素、历史要素和城市要素有机结合起来，让城市这一空间载体作为历史和文化的承接主体。但是，此前由于经济和城市发展，很多地方将古城拆除，导致千城一面，失去历史和时间价值。2017 年 9 月发布的《北京城市总体规划（2016 年—2035 年）》提出，做好历史文化名城保护和城市特色风貌塑造，加强老城和三山五园整体保护，老城不能再拆，通过腾退、恢复性修建，做到应保尽保。2020 年 8 月 21 日，《首都功能核心区控制性详细规划（街区层面）（2018 年—2035 年）》获得党中央、国务院批复，明确提出加强老城整体保护，严格落实老城不能再拆的要求，坚持“保”字当头，精心保护好这张中华文明的金名片。2021 年 1 月，

北京市重新修订《北京历史文化名城保护条例》，强调北京历史文化名城的范围涵盖其全部行政区域，主要包括老城、三山五园地区以及大运河文化带、长城文化带、西山永定河文化带等。

中轴线申遗代表了北京在老城文化界面的重大创新，它将历史记忆、文化想象和古都保护有机统一。历朝历代在建设都城时，都会思考城市空间布局，中轴线是中国古代都城建设的重要理念，北京中轴线被称为“最后的结晶”。2022 年 5 月 25 日，北京市第十五届人民代表大会常务委员会第三十九次会议通过《北京中轴线文化遗产保护条例》，明确：“北京中轴线文化遗产（以下简称北京中轴线），是指北端为北京鼓楼、钟楼，南端为永定门，纵贯北京老城，全长 7.8 公里，由古代皇家建筑、城市管理设施和居中历史道路、现代公共建筑和公共空间共同构成的城市历史建筑群。”这意味着，通过中轴线申遗，新的老城文化界面得以建构，它可以说是历史文化名城的精华，以更丰满、精致的方式呈现融入了现代元素的古都文化。

四、长城、大运河、西山永定河与自然文化界面的建构

文化作为一种观念现象，不仅以城市空间作为载体呈现，还会以自然作为载体呈现。事实上，离开了自然，人类的一切文化都是空中楼阁。因此，中国古代道家文化非常强调“道法自然”，通过向自然学习来理解人类社会的运行规律。无论是道家文化，还是佛教文化，都将名山等自然空间作为重要的承接和传播载体。北京在建设全国文化中心方面的一个重要举措就是发挥文化想象力，以长城、大运河和西山永定河为基础建构了三条“自然文化带”。尽管这些“自然文化带”也被纳入历史文化名城保护范围，但是它们的自然色彩更加鲜明。通过以自然为纽带进行文化想象，代表了北京的重大文化界面创新。基于自然建构具有文化想象力的自然文化界面，最核心的要素是自然中包含着人类创造、体现了人类智慧。没有人类的创造和技艺，没有人类文化，就没有自然文化。从这个意义上看，所谓的自然文化界面是人类在改造自然的过程中所形成的文化，由于这种文化的主体是自然，因此称之为自然文化。在这三个文化带的建设中，长城文化带和大运河文化带都与国家文化公园的建设联系在一起，成为国家文化公园的一部分。从这个意义上看，它们是更多大文化界面的子界面。

北京长城是中国有长城分布的 15 个省、自治区和直辖市中保存最完好、

价值最突出、工程最复杂、文化最丰富的段落。长城在北京境内自东向西经过平谷区、密云区、怀柔区、昌平区、延庆区、门头沟区等 6 个区，墙体全长 520.77 千米。2019 年，《北京市长城文化带保护发展规划（2018 年至 2035 年）》正式公布，首次明确了北京长城文化带的空间范围——总面积 4 929.29 平方千米，接近北京全市面积的三分之一。长城文化带分核心区与辐射区两部分。其中，核心区为长城的保护范围和一类建设控制地带，面积 2 228.02 平方千米；辐射区为除核心区外的其他区域，面积 2 701.27 平方千米。2021 年，《长城国家文化公园（北京段）建设保护规划》正式印发，规划范围内的资源可分为长城资源、长城相关文化资源以及自然资源三大类。

大运河更是有丰富的历史，它代表了古代中国通过运河来实现南北互通的尝试。北京市大运河文化带以运河为基础进行自然文化界面建构，让历史文化得以重新呈现。2019 年 12 月，北京市正式发布《北京市大运河文化保护传承利用实施规划》，以 2025 年、2035 年和 2050 年为节点，对大运河文化保护传承利用的中长期目标进行了安排，涉及文物、生态、旅游、景观、协同等多个方面。2021 年 10 月 9 日，《北京市大运河国家文化公园建设保护规划》正式发布，提出全面打造管控保护、主题展示、文旅融合、传统利用四个功能分区，扎实推进保护传承、研究发掘、环境配套、文旅融合、数字再现五个重点工程，集成推出一批标志性项目，以线串珠，以珠带面，延续壮美运河千年神韵，打造具有首都标准、北京特色、时代气象的北京市大运河国家文化公园，使大运河成为文化之河、生态之河、发展之河、民生之河、融合之河。

西山永定河文化带是一个具有多重生态文化和历史文化属性的带状空间单元，是北京的文明之源、历史之根。北京市出台《北京市西山永定河文化带保护发展规划（2018 年—2035 年）》，提出要以生态文明建设为基础，统筹保护好、传承好、利用好西山永定河文化带的绿水青山和历史文化遗产，打造文化与生态并重的“西山永定河——北京人的精神家园”文化名片。西山永定河文化带文化形态多样，包括以周口店龙骨山北京猿人遗址、琉璃河西周燕都遗址为代表的考古文化，以清代三山五园为代表的特征鲜明的皇家文化，以潭柘寺、戒台寺、大觉寺等为代表的历史悠久的古寺文化，以妙峰山庙会、京西太平鼓等为代表的民俗文化，以李大钊烈士陵园、“三一八”烈士纪念园等为代表的陵墓文化，以清华、北大为代表的教育文化，以冀热察挺进军司令部旧址陈列馆、平西情报交通联络站纪念馆等为代表的红色文化，以曹雪芹、纳兰性德纪念馆等为代表的名人文化，以贝家花园、圣-琼·佩斯故居、林迈可小道为代表的中外交流文化，以永定河为代表的山水生态文化，以及传统村落古道文化、园林古建文化、军事防御文化、民族融合文化、农业休闲文化等。这意味着，西山永定河文化带的内涵和时代价值需要重新建构，在这一大的文化界面之下可以进一步细分和发展，形成多样性的子文化界面。

五、大戏看北京、会馆、胡同与老北京文化界面的建构

都与城的关系是新时代首都发展的核心议题，要通过城的发展实现都的功能，通过都的功能强化推进城的提升。都与城也会形成各自的文化，古都文化和京味文化是首都文化的两种重要类型。京味文化是与首都的发展联系在一起的，城市有历史，这也使得京味文化既有古典的一面，又有现代的一面，古典和现代的交相辉映构成了京味文化独具特色的内容。京味文化的古典维度就是我们常说的老北京文化。当前，北京正在通过大戏看北京、会馆建设、胡同保护等一系列举措来重构老北京文化界面，实现老北京文化物质和精神层面的有机统一。事实上，老北京文化的物质和精神层面很难分离，只有两者结合才能展现其文化神韵。从这个意义上看，老城保护为老北京文化提供了物质基础。

2021 年 7 月 19 日，时任市委书记蔡奇在调研北京文艺设施建设时提出，打造“大戏看北京”文化名片，为建设全国文化中心作出新的更大贡献。从 2021 年 7 月到 2022 年 6 月，北京 216 家演出场馆推出演出 2 万余场，观众达 450 余万人次。“大戏看北京”本身就构成了一个老北京文化子界面，它以系统集成方式展现北京戏曲、话剧、歌剧、音乐剧、舞剧、儿童剧等原创戏剧，建设演艺之都。“大戏看北京”相当于一个观念层面共识，也是一个地域性品牌，更是一个规范性共识，它要唤起所有文艺工作者的艺术自觉，通过发挥各方积极性来提升文艺创作质量，让文艺更好服务人民群众生活需求。“大戏看北京”作为老北京文化子界面，需要不同行动者依据一定规则进行竞争、合作、沟通、学习和交流，最终形成不同行动者定位明确、功能互补、层次多样的戏剧供给体系，并且实现供给与需求平衡、市场效益和社会收益平衡、文化传承和开拓创新平衡。“京味话剧”就是“大戏看北京”的重要组成部分之一，老舍先生是“京味话剧”的开创者，他的《茶馆》《龙须沟》《骆驼祥子》不仅具有浓厚的北京地域文化和地方特色，同时还承载着历史所赋予的强烈时代感和现实性。2022 年 3 月，东城区推进全国文化中心领导小组发布了《东城区进一步推进“戏剧之城”建设发展的实施意见》，宣布将通过布局“创作、演出、交

流、展示、消费”五大文化平台，夯实“组织、人才、空间、市场”四大发展基础，落实“智库建设、资金投入、评估监测”三大保障措施，形成“5+4+3”促进体系，全面推进“戏剧之城”建设工作。“大戏看北京”作为老北京文化子界面，不仅要不断传承经典京味大戏，还要创造新的京味大戏。

会馆和胡同也是北京有特色的地标，它们成为老北京文化的重要承载者。当前，北京市在推进全国文化中心建设时，要发掘京味文化，就需要重新激活会馆和胡同等有北京特色的传统空间，让它们承载的文化得到重新发掘。北京市研究制定了《关于推动文艺院团演出进会馆旧址的工作方案》，湖广会馆、颜料会馆、临汾会馆、台湾会馆、福州新馆、正乙祠等先行先试，将京昆梆子等折子戏，变脸、猴戏、魔术等沉浸式民间艺术引入会馆，持续擦亮“会馆有戏”文化品牌。胡同和四合院是北京最有代表性和标识性的建筑空间，它们是人们直接居住的场所，也是文化产生和创造的土壤。当前，北京需要在改善胡同居民生活品质的前提下，充分发挥胡同的文化功能，让胡同和四合院在新的条件之下活起来，尤其是让其中的文化活起来。

六、首钢、798艺术区与工业遗产文化界面的建构

文化是一个不断动态演化的过程，新的生产生活会形成新的文化。老的文化可能被继承，也可能被新的文化取代，文化在竞争、合作、融合中不断迭代创新。因此，文化并非一成不变，它既具有历史感，历史烙印会得以显现，也会有时代感，不同时代的人会为文化创造贡献自身的智慧。北京市第十三次党代会报告首次对首都城市发展阶段进行了划分，即将这一历史划分为首都建设（20世纪50年代—20世纪80年代）、首都经济（20世纪90年代—2012年）和首都发展（2012年至今）三个时期。北京文化也会受到新中国成立以来不同发展阶段的影响，经济社会变迁有可能生成新的文化，为京味文化添加新的元素。当前，北京正在对工业遗产进行改造，形成工业遗产文化，这是工业文化在当代的创造性转化。工业遗产文化最典型的代表是首钢和798艺术区，它们都是在原有工业厂房的基础之上，通过增加文化元素来实现产业和文化新生。

首钢是首都工业发展的一个历史见证，更是中国近代工业化的缩影。《人民日报》曾这样评价首钢园：工业遗产不仅承载着工业发展的足迹，还是前人智慧的积淀，是城市内涵、品质、特色的重要标志。2018年1月，首钢入选第一批中国工业遗产保护名录，主要遗存包括高炉、转炉、冷却塔、煤气罐、焦

炉、料仓、运输廊道、管线、铁路专用线、机车、专用运输车、龙烟别墅等。为此，北京市在首钢地区建设了首钢工业遗址公园，对工业遗产进行整体保护。中国文物学会会长、故宫博物院前院长单霁翔认为，当下大家对历朝历代的文化遗产、建筑遗产都给予了高度重视，却低估了20世纪建筑遗产的历史价值、科学价值、文化价值等。应该说，首钢工业遗产保护与利用会形成京味文化的新要素。事实上，随着首钢的搬迁，这一工业遗产为工业文明与后现代文明的交融提供了空间。一方面，人们来到首钢工业遗址公园，就会唤起对20世纪工业的记忆，这些工业建筑是历史的生动见证；另一方面，随着首钢遗址被整体保护，它为新文化以及工业文化与现代文化的融合提供了新空间。近年间，首钢园区举行了很多体育和文化活动，并逐步发展成为国际人才社区，这为首钢遗产的新生提供了多种可能性。

798艺术区是另一个将工业遗产与艺术进行有机结合的典型，形成了独特的工业遗产文化。798艺术区位于北京市朝阳区酒仙桥路2号，是北京的文化创意产业集聚区。798艺术区前身是由苏联援建、民主德国负责设计建造、总面积达110万平方米的重点工业项目718联合厂，于1952年筹建，于1964年4月拆分为多个工厂，798工厂为其中之一。从2002年开始，由于租金低廉，诸多艺术家工作室和当代艺术机构开始聚集于798艺术区，逐渐形成了一个艺术群落。2007年12月19日，798近现代建筑群入选北京市规划委员会、北京市文物局公布的《北京市优秀近现代建筑保护名录（第一批）》，也成为北京文化新地标。

七、夏奥会、冬奥会与奥运文化界面的建构

文化要具有生命力就需要有开放性，能够在国际交往中吸收外来的优秀文化，并且将其融入自身文化中，增强文化的韧性。国际交往中心是北京的“四个中心”城市功能定位之一，要实现这一功能，就需要有与之相适应的文化。与此同时，北京要建设国际和谐宜居之都，国际文化要素也是其文化系统的必要组成部分。这意味着，无论是首都功能定位，还是城市建设目标，都要求北京在全国文化中心建设中增强国际性。国际性是京味文化的核心构成要素之一。北京先后于2008年、2022年举行了夏季奥林匹克运动会和冬季奥林匹克运动会，成为历史上首个“双奥之城”。北京通过申请奥运会、举办奥运会和传承奥运遗产等三个阶段将奥运精神引入北京京味文化体系中，奥运文化界面

成为北京进行文化交流、融合和创新的重要舞台。

国际奥委会在《奥林匹克宪章》“奥林匹克主义的原则”条款中指出：“每一个人都应享有从事体育运动的可能性，而不受任何形式的歧视，并体现相互理解、友谊、团结和公平竞争的奥林匹克精神”。这是现代奥林匹克精神的核心内容。奥运会是集体育精神、民族精神和国际主义精神于一身的世界级运动盛会，象征着世界的和平、友谊和团结。奥林匹克精神的提出者顾拜旦在《体育颂》中赞美体育是美丽、艺术、正义、勇敢、荣誉、乐趣、活力、进步与和平的化身。为了让奥林匹克精神从理想转化为实现，他特别强调参与的重要性，认为“参与比取胜更重要”，鼓励更多的普通人通过参与体育运动感受奥林匹克精神。从这个意义上看，北京通过举办两次奥运会，有利于在其文化谱系中引入体育文化和体育精神，从而丰富文化的深度和广度。奥运文化的引入，也有利于我们重新审视中国传统文化中的体育要素，探索发现北京的体育精神和体育文化的传统，这是一个文化再发现的过程。

北京以举办两次奥运会为契机建构奥运文化界面，一个重要的举措是对奥运遗产的继承和发展。北京市第十三次党代会报告专门提出要做好后冬奥文章，并强调：“充分挖掘利用冬奥文化资源，讲好中国故事。大力弘扬志愿精神，让‘礼让行人’成为社会文明新时尚。建设北京奥运博物馆和北京国际奥林匹克学院。”这说明，冬奥会已经被提升到文化层面，围绕冬奥会进行文化发掘和开发，并且将奥运文化、奥林匹克精神融入京味文化会成为未来一段时间的工作重点。奥林匹克精神具有跨越国界的特点，它本身就是一种独立的国际文化，不会受到民族国家的影响，更有可能促进不群体之间的文化交流与沟通。当然，奥运文化的国际性并不意味着中国不能够将自身文化与之融合，相反，中国文化的加入可以拓展奥运文化和奥运精神的深度。事实上，北京冬奥会开幕式已经有很多中国文化要素，也给世界奥林匹克运动带来了“中国惊喜”。

八、使馆区、国际人才社区、国际交往活动与国际文化界面的建构

京味文化的国际性是与首都作为国际交往重要窗口的功能定位紧密相联的。京味文化的国际性至少体现在三个方面，即自身文化的国际表达、文化中的国际要素、自身文化和国际文化的交融创新。事实上，也只有做到这三个方面，北京才能够真正承担起国际交往中心的角色和重任，在讲好中国文化的同

时，提升文化的包容性、韧性和国际性。文化自身的国际表达强调文化在保持内核不变的情况之下，使用国外友人能够理解的方式进行表达，这是一个文化国际传播的过程。当前，中国正在推行文化国际传播工程，就是希望实现这一目标。如果能够将一些地方性文化以国际语言进行传播，则可能更容易获得国际社会的认同。文化中的国际要素则强调北京需要为世界各国中与中国法律法规相符合的文化提供生长土壤，这也是适应国际友人需求的产物。例如，北京望京有很多韩国人居住，就会形成很多具有韩国文化的居住模式。自身文化和国际文化的交融创新则是更深层次的文化国际性元素，它要求京味文化在国际化过程中自动生成一些具有国际特征的本地文化，这些文化既是国际的，又是本土的。

当前，北京正在依托使馆区建设、国际人才社区建设、国际组织引进和国际交往活动等建构国际文化界面，让京味文化更具国际范式。北京的几个重要使馆区本身就是不同国家文化的展示窗口，而这些不同国家文化集中在一起，又会成为北京国际文化界面的重要组成部分。使馆区的建筑、生活、商业等都具有国际性，北京市民和国际社会可以通过使馆区感受国际文化。国际人才社区建设则是北京推进本地文化和国际文化融合的重要载体。一方面，国际友人在国际人才社区居住，这使得国际人才社区必须考虑他们的文化需求；另一方面，北京可以通过日常生活融入中国文化要素，实现润物细无声的文化交流。更为重要的是，不同群体对彼此文化的理解和认同可以为新的文化要素和文化形态提供生长空间。随着北京加快推进国际交往中心建设，更多的国际组织入驻，国际活动举办更为频繁，这将促进文化交往，提升京味文化的国际性。国际组织有自身独特的文化，当国际组织聚集时，这种文化会以更显性的方式展现。除了国际组织之外，跨国企业也会把国际文化带到北京，北京需要以国际化方式来满足这些跨国企业的需求。与跨国企业的沟通也有可能带来新的文化。2022 年，北京举行服贸会，就是国际交往活动的典型代表。服贸会的背后是文化交流，它提供了一个国际文化交流的平台，促进不同文化相互学习借鉴。

九、“三城一区”、全球数字经济标杆城市与创新文化界面的建构

创新文化是北京的第四种文化类型，也代表了最前沿的文化。一般而言，创新文化总是与科学技术联系在一起，它代表了新技术发展对文化的影响。创

新文化至少包含两个方面的内容：一个是与科学技术发展相关的文化；另一个是新技术与传统文化相结合形成的文化。科学技术的发展本身具有一种与之相适应的文化，这是技术与文化关系命题的核心内容。科学技术创新代表了一种对客观世界的认识和改造，不同于人与人之间的社会关系。当然，科学技术发展也需要依据社会关系来支撑，这也是创新文化的内在逻辑。对于科学技术发展而言，创新文化需要的是一种不墨守成规的文化，需要的是容忍失败的文化，需要的是鼓励探索的文化，需要的是不断追求新想法的文化，这与追求稳定性的社会文化需求形成鲜明对比。事实上，创新文化对于经济社会发展十分重要，一个社会只有鼓励创新文化，才能在科学技术方面有新的探索，才可能在人工智能、信息技术和新一代物联网革命中取得进展和突破，否则就有被时代淘汰的风险。科学技术的发展也会对文化本身产生深远的影响，它会为传统文化的传承发展，以及文化本身的创造、传播提供新的可能性。科学技术发展之后，我们可能有更好的方式来对传统文化进行保护、传承和再利用，文物保护、建筑修缮、考古发现等是其中的典型。当前，因为人工智能的发展，我们可以用人工智能来进行文学创作，这为文化产品开发提供了更多手段和方式。网络和信息技术的发展也使得文化传播的媒介发生了很大变化，传统文化得以被更多人欣赏。一些文化可能因为技术发展和市场力量的结合得到传承，这其中最典型的是非物质文化遗产。

国际科技创新中心是首都功能定位的重要组成部分，它推动北京在创新文化生产和科技为文化赋能方面位居全国前列，并逐步形成以“三城一区”和全球数字经济标杆城市为基础的创新文化界面。作为北京国际科技创新中心建设的主平台，“三城一区”包括中关村科学城、怀柔科学城、未来科学城、创新型产业集群示范区，2022年，它们以不足6%的土地面积贡献了全市三分之一的地区生产总值。中关村科学城系统布局基础前沿技术，它们是创新的源泉。怀柔科学城体系化布局一批重大科技设施平台，形成战略性创新突破。未来科学城增强创新要素活力，构建多元主体协同创新格局。创新型产业集群示范区承接三大科学城科技成果转化，着力打造高精尖产业主阵地和成果转化示范区。“三城一区”既是北京国际科技创新中心建设的主平台，又是北京市创新文化的主界面，在科学技术创新中形成北京独特的创新文化。2021年，北京发布《北京市关于加快建设全球数字经济标杆城市的实施方案》，提出2030年将北京建设成为全球数字经济标杆城市的目标。在建设全球数字经济标杆城市的过程中，北京将加快数字文化发展，这是创新文化的典型代表。这预示着，在未来很长时间内，文化的数字化和数字的文化化将会成为不可逆的趋势，数字文化不仅会成为一种新的创新文化，还会对其他文化产生不可估量的影响。当前，元宇宙的发展正是数字文化的一种表现，未来元宇宙可能成为一切数字文化的中心和源泉。

十、通过文化交融不断创新首都文化界面，形成文化生态

文化总是和文明联系在一起，它构成了人类持续繁衍和人类社会存续的基础。文化具有意义赋予功能、身份建构功能、文明传承功能，更有促进经济社会发展的功能。一方面，文化无处不在，它像空气一样，广泛存在于人类社会的生产生活中，人类不可须臾离开文化；另一方面，文化似乎游移不定、高深莫测、虚无缥缈，常被一层神秘的面纱所笼罩。正是文化的这种双重特征使得文化建设显得重要和紧迫。从这个意义上看，北京推进全国文化中心建设可谓正当其时，它既担负着自身建设好全国文化中心的使命和责任，又需要为全国其他地方和城市的文化建设探索新路。党的十八大以来，北京在全国文化中心建设方面取得了一系列突破性成绩和进展，文化建设的北京模式正在形成中。我们从文化想象力出发，基于文化界面创新的视角，为北京推进全国文化中心建设提供了一个中观层面的解释，以方便我们理解其背后的设计原理和理论逻辑。

展望未来，北京仍然需要在全国文化中心建设上不断探索，以文化想象力和文化相互交融不断创新首都文化界面的新形态，激发出多层次、多领域和多形态交叠的首都文化界面体系，进而形成一种具有韧性、活力和生命力的首都文化生态。对已经有的红色文化、古都文化、京味文化和创新文化的分类，也可以进一步根据新形势进行创新，根据首都文化的发展，提出新的文化类型。事实上，不同文化类型的提出、文化类型之间的相互作用、同一种文化类型下不同子文化的发展、文化与经济社会生态系统的交互、文化与技术融合、文化的国际交往和借鉴，都是丰富和促进首都文化生态的重要举措。这些努力让生活在首都的市民感受到北京文化的魅力，让文化自身得以发展，让文化更好地服务于“四个中心”城市功能建设，让文化提升“四个服务”水平，最终让文化更好地服务和融入新时代首都发展。或许，这就是文化想象力的意义，也是文化界面创新的价值！

◀◀◀ 第九章 ▶▶▶

超大城市的互动治理

从 2019 年 1 月 1 日开始，北京市在“吹哨报到”改革的基础之上，充分发挥 12345 市民服务热线作为市民诉求响应主渠道的作用，强调针对市民诉求“闻风而动，接诉即办”，开创了面向人民、面向基层和面向问题解决的超大城市治理创新的“北京经验”[①]。目前，北京市“接诉即办”改革实践日益成熟，正在形成一整套快速回应民众诉求和推动问题解决的体制机制，人民群众大量的烦心事、操心事和揪心事得到有效解决，很多城市顽疾得到系统治理，大大提升了首都民众的获得感、幸福感和安全感。从北京市首次公布的 2020 年“接诉即办”数据看，无论是诉求量还是响应率、解决率和满意率等都有较大提升。

“接诉即办”的北京经验正在被越来越多的民众和官员认可，并且在纵向和横向两个层面得到扩散。在纵向层面，中共中央、国务院出台的《关于加强基层治理体系和治理能力现代化建设的意见》和国务院办公厅印发的《关于进一步优化地方政务服务便民热线的指导意见》等都充分借鉴了北京市“接诉即办”改革的经验，前者关注“接诉即办”对于超大城市基层治理改革的价值，后者重视“接诉即办”对政务服务便民热线改革的启示。在横向层面，内蒙古呼和浩特市等地开始全面引入北京市“接诉即办”改革实践，对 12345 市民服务热线进行升级和改造，使其能够更好地回应民众诉求和提升城市治理能力。可以预测，未来会有越来越多的地方借鉴北京市“接诉即办”改革的经验来对传统“市长热线”或市民服务热线进行改造，更好地回应民众诉求，促进问题解决。

---

① 李文钊．北京市“接诉即办”的设计原理．前线，2021（3）.

北京市“接诉即办”改革为什么能够撬动超大城市治理的系统变革，以小切口实现大治理？我们认为，针对超大城市治理面临的困境和难题，北京市的“接诉即办”改革实践与互动治理的新范式十分契合，它通过不同治理主体之间的有效互动来促进问题解决，实现了治理主体之间从冲突、分歧、纠纷走向谈判、信任、合作，从而形成了公共治理的合力[①]。更为重要的是，北京市“接诉即办”改革通过机制创新，找到了一套促进互动治理的操作化手段。简而言之，北京市“接诉即办”改革将互动治理与机制创新联系在一起，找到了促使“接诉即办”中互动治理发挥成效的驱动机制。这里的驱动机制主要是指“接诉即办”能够发挥作用和促进不同治理主体之间有效互动的因果关系，它是“接诉即办”良好运行的“密码”。正是驱动机制的建构，使得“接诉即办”改革实现了互动治理的新范式从理念走向实践。机制是互动的基础。接下来，我们将首先提出一个用于分析“接诉即办”改革的超大城市互动治理及其机制建构的框架，随后针对分析框架中包含的机制对“接诉即办”改革进行研究，阐述“接诉即办”如何促进不同治理主体有效互动，实现问题解决和以人民为中心的治理目标。

一、超大城市的互动治理及其机制建构：一个分析框架

对于“接诉即办”改革，我们可以有很多分析视角。这主要是由“接诉即办”改革事实的复杂性所决定的。面对复杂的事实，不同研究者可以从不同维度进行认知。“接诉即办”改革依托 12345 市民服务热线，通过对热线进行整合，实现一条热线回应市民诉求。在接到市民诉求后，根据诉求的类型和不同治理主体的责任，对诉求进行派单。与传统的市民服务热线相比，北京在推行“接诉即办”改革时，一方面非常重视将诉求直接派单到街道、乡镇进行解决，另一方面调动市直部门、区委区政府、公用事业单位、国有企业等多层次治理主体直接破解难题。由此可见，“接诉即办”是撬动超大城市治理变革的小切口，通过回应市民诉求来实现超大城市治理的系统变革。

“接诉即办”改革作为一项系统性改革，可以从技艺与人工品的视角进行分析[②]。作为一项人工品，“接诉即办”包含着设计者的意图、价值取向和观

① Sørensen E. Institutionalizing interactive governance for democracy. Critical policy studies，2013，7（1）.

② Ostrom V. Artisanship and artifact. Public administration review，1980，40（4）.

念。与一般人工品相比，“接诉即办”改革是一项包含着人的人工品，人既是“接诉即办”改革的设计者，又是“接诉即办”改革的构成要素。对于“接诉即办”改革的分析，只有厘清其生产过程，才能够对其逻辑有更清晰的认识。考虑到“接诉即办”改革的核心是多层次治理主体协同推进问题解决，我们可以从互动治理理论的角度来理解“接诉即办”改革，并且重点关注使得互动有效的机制建构。对于互动治理，西方学者给出的定义是，所谓互动治理是指一个复杂的过程，在这个过程中，具有不同利益的多个社会和政治行动者相互作用，通过动员、交流和部署一系列思想、规则和资源来制定、促进和实现共同目标①。从这一定义可以看出，互动治理的核心有三个内容：一是多个行动者；二是复杂的互动过程；三是通过多种手段的使用来实现共同目标。因此，促进不同行动者之间有效互动实现共同目标，是互动治理的核心。由于互动治理中的行动者既包括政府部门，又包括民众，而政府部门又有多个层次、涉及多个领域，这使得互动治理既包括政府自身之间的互动，又包括政府与民众之间的互动②。因此，不同类型的互动治理，需要依靠不同的机制建构来保证其有效性（见表 9-1）。

表 9-1　超大城市互动治理与机制建构

互动治理的类型	机制建构
政府与民众之间的互动治理	反馈机制、披露机制、认同机制
多层次政府间、政府部门间和政府与部门间的互动治理	考评机制、披露机制、激励机制、学习机制、认同机制

从表 9-1 可以看出，有些机制为不同类型的互动治理所共享，如披露机制和认同机制；而有些机制则分别属于各自类型的互动治理，如政府与民众之间的互动治理主要通过反馈机制来实现，考评机制、激励机制、学习机制则是推动跨层次、跨领域、跨部门的政府间互动治理的工具和手段。北京市“接诉即办”改革之所以能够撬动超大城市治理的系统变革，以小切口实现大治理，关键是因为其找到了促使“接诉即办”发挥成效的驱动机制。接下来，我们将分别就“接诉即办”得以有效运行的 6 种驱动机制进行阐述：(1) 互动治理的反馈机制，其核心思想是市民评价通过反馈机制形成为民效应；(2) 互动治理的

① Torfing J, Peters B G, Pierre J, et al. Interactive governance: advancing the paradigm. Oxford: Oxford University Press, 2012.

② 李文钊．论合作型政府：一个政府改革的新理论．河南社会科学，2017 (1).

考评机制，其核心思想是绩效排名通过考评机制形成赛马效应；（3）互动治理的披露机制，其核心思想是月度点评通过披露机制形成道义效应；（4）互动治理的激励机制，其核心思想是干部提拔和专项监督通过激励机制形成晋升和威慑效应；（5）互动治理的学习机制，其核心思想是诉求办理通过学习机制形成能力效应；（6）互动治理的认同机制，其核心思想是宣传教育通过认同机制形成文化效应。

二、互动治理的反馈机制：市民评价通过反馈机制形成为民效应

“接诉即办”不同于传统的12345市民服务热线的关键点在于北京市委主要领导的强力推动，通过市民评价来建立“接诉即办”的反馈机制，实现了市民与政府部门之间权力关系的再平衡，从而形成了“接诉即办”治理体系的完整闭环，真正让“以人民为中心”的理念在超大城市治理中得以体现。反馈机制是系统论、控制论和信息论的基础，它强调通过反馈实现系统与环境之间的有机平衡，从而实现控制论的预期目标[①]。反馈机制涉及系统与环境之间的信息交互，这使得任何智能系统都蕴含着反馈机制。以企业为例，顾客对产品的评价构成了反馈机制，企业只有认真对待顾客的反馈才能够在市场中生存，否则将被顾客抛弃。同样，对于公共部门而言，建立反馈机制也有利于改善政府绩效，中国政务服务就是通过“好差评”制度建立了民众对政务服务感受的反馈机制，这使得政务服务绩效水平不断提升。

“接诉即办”得以有效运行的核心机制就是以响应率、满意率和解决率等“三率”为基础的反馈机制，这使得各级政府和部门需要认真对待市民诉求。一方面，反馈机制的建立树立了市民对“接诉即办”的信任和信心，这本身是政府和市民之间的一种心灵契约。从很多市民的反馈看，他们最开始拨打北京市12345市民服务热线时，并没有抱太大希望，但是后来政府的行动及问题解决率超过了他们的预期。正是在一件件事情的办理过程中，市民认识到“接诉即办”管用，进而使得更多民众通过12345市民服务热线反映诉求。另一方面，反馈机制的建立形成了对政府各级部门解决问题的倒逼机制，让这些政府部门发挥积极性和主动性回应市民诉求，帮助民众解决问题，从而真正建立人民满意的服务型政府。很多时候，如果没有市民反馈机制，尤其是市民缺少评

① Baumgartner F R，Jones B D，Wilkerson J. Comparative studies of policy dynamics. Comparative political studies，2011，44（8）.

价诉求办理情况的渠道，政府部门就可能不太会对相关事项进行注意力分配。因此，反馈机制的建立使得市民和政府之间联系更紧密，市民通过评价权来平衡政府的行政权，从而让行政权服务于民众需求。

"接诉即办"的反馈机制推动政府及时回应市民诉求，反过来也会使得市民提出更多的诉求，这意味着"接诉即办"的反馈机制在本质上是一种正反馈机制。从北京市发布的《2020 年北京市"接诉即办"改革工作年度报告》看，北京市 12345 市民服务热线 2020 年全年共受理市民来电 1 103.9 万件，比 2019 年上升 55.24%，这是"接诉即办"正反馈机制在数量上的体现。长期而言，如果正反馈机制使得市民诉求不断增加，将进一步消耗行政资源，也会使得"接诉即办"本身不具有可持续性。正是在这个意义上，北京市在推进"接诉即办"改革的同时，也十分重视"主动治理"和"未诉先办"，就是要赢得主动权，降低整体诉求量。

我们认为，北京市"接诉即办"的正反馈机制要一直运行良好，就需要从诉求量向上的正反馈机制向诉求量向下的正反馈机制进行转型，这样才能够使得正反馈机制具有可持续性。这意味着，理想状态下，北京市"接诉即办"正反馈机制会经历三个阶段，即诉求量上升时期、诉求量平衡时期和诉求量下降时期。当前，北京正处于诉求量上升时期，这主要是由于早期问题多，回应市民诉求渠道不畅通，一旦市民发现"接诉即办"有利于回应他们的诉求，就会产生更大的示范效应。而当政府在推动问题解决的同时也通过主动治理和未诉先办来减少诉求量时，"接诉即办"正反馈机制会进入一个平衡时期，这意味着市民通过正反馈机制增加的诉求量会基本等于因主动治理和未诉先办而减少的诉求量，形成一个紧平衡的状态。当政府在积极回应市民诉求的同时，通过主动治理和未诉先办实现了诉求量的减少时，正反馈机制将进入诉求量下降时期，最终达到超大城市的良好治理状态。

将"正反馈机制"与"诉求总量"相结合形成的关于北京市"接诉即办"三个时期的判断，是从北京市整体层面进行的分析，而事实上不同政府部门、系统和地域会分别处于不同的阶段，这也是各个部门和地区治理能力差异的体现。一般而言，考核排名长期处于前 30 名的街道和乡镇，应该会率先从诉求量上升时期迈入诉求量下降时期，这也使得这些地方不需要花费很多时间和精力就能够办理好市民诉求。与此同时，每办理好一件市民诉求，也会减少市民诉求的总量。相反，考核排名长期处于后 30 名的街道和乡镇，大体还处于负反馈机制的诉求量上升时期，一方面不能够很好地回应市民诉求，另一方面诉求量不断上升。因此，未来很长一段时间，北京市既需要帮助一些街道和乡镇从诉求量上升时期的负反馈机制向诉求量上升时期的正反馈机制转变，又需要帮助一些街道和乡镇从诉求量上升时期的正反馈机制向诉求量下降时期的正反馈机制转变。只有这样，市民评价通过反馈机制形成的为民效应才具有可持续性，也才能够从根本上提高首都治理体系和治理能力现代化水平。

三、互动治理的考评机制：绩效排名通过考评机制形成赛马效应

“接诉即办”的考评机制的建立，一方面为反馈机制的良性运行提供了支撑和保障，另一方面也通过绩效排名发挥指挥棒作用，形成了各级政府部门办好民众诉求的赛马效应。北京市各级政府和部门能够有效回应市民诉求从而形成正反馈机制，与北京市在“接诉即办”中推行考评机制分不开。反馈机制有正反馈和负反馈的区别，正反馈是对民众诉求予以快速回应从而鼓励民众进一步提出诉求，而负反馈则是忽略民众诉求从而打消民众进一步提出诉求的积极性。尽管负反馈会导致诉求量降低，但是这种降低并非解决问题之后诉求量减少，而只是有意识忽略的结果。对于政府而言，应该追求基于正反馈机制的诉求量下降，这也才是真正的诉求量减少。很显然，考评机制的建立，尤其是北京市委直接将市民评价作为考评的主要依据，直接使得各级政府必须通过正面回应诉求来获得较好的绩效排名。从这个意义上看，“接诉即办”的考评机制在驱动机制中发挥着关键作用。

“接诉即办”的考评机制不仅能够推动正反馈机制发挥积极作用，而且其所形成的绩效排名还可以促进不同政府和部门进行绩效比较，在学习和比较中形成赛马效应。早在 2018 年 9 月 30 日北京市委召开的第二次区委书记月度点评会就首次提出，各区可以相互比较同一个月都在干什么，希望能形成赛马效应。随后，2018 年 11 月 30 日北京市委召开的第四次区委书记月度点评会再次提出各区“相互比较，学习借鉴，形成赛马效应”。应该说，北京市委希望各区通过比较和借鉴形成赛马效应的设想，在早期由于缺乏通行的定量指标，更多的是一种倡导和引导。事实上，正是从 2019 年 1 月 1 日开始，北京市委重新激活 12345 市民服务热线，深化“接诉即办”改革，按照响应率、解决率和满意率等“三率”，以一个月作为评价周期，对各区进行考评，从而形成区级和街道乡镇排名，这为推动赛马效应真正形成提供了可比较、可量化的数据基础。在月度评价周期内，各级政府和部门可以清楚地看到各自的排名，既能够

与自身历史排名进行纵向比较，又能够与其他区域和部门进行横向比较，这使得赛马效应的成效越来越显著。

经过多年的运行，“接诉即办”的考评机制日益系统、全面和完善，较好地发挥了锦标赛作用。从考评指标上看，北京市在对“响应率”、“满意率”和“解决率”等指标进行完善的基础之上，增加了“万人诉求比”和“基数诉求比”等两个观察指标，以期更完整地衡量“接诉即办”的成效。“万人诉求比”主要是对诉求量的衡量，这也是从诉求量向上的“接诉即办”正反馈机制向诉求量向下的“接诉即办”正反馈机制转变的推动力量。“基数诉求比”则是对自身诉求量的历史比较，通过该指标激励不同主体减少诉求量，从根本上看也是为了实现向诉求量向下的正反馈机制转变。此外，北京市还针对“七有”和“五性”提出了更加注重民生的综合评价办法，以引导各级政府和部门更加重视民众需求，真正实现以人民为中心的超大城市治理。从考评对象上看，在对区级政府和街道乡镇“接诉即办”工作成效考评的基础之上，北京市通过引入市级部门承办派单“三率”成绩和主管行业问题平均“三率”成绩来对其“接诉即办”改革成效进行考核排名，实现了“接诉即办”综合考评所有层级、领域和部门的全覆盖，有利于调动所有政府和部门力量推动主动治理和未诉先办，真正提升超大城市治理水平。

没有绝对完美的考评机制，不同考核指标、办法、内容等都会有自身的局限性，而考评机制的科学性就需要考评机制本身随着环境和时间动态演化。从某种程度上看，考评机制本身也是考评者和被考评者相互博弈的产物，考评机制要发挥作用，也需要随着被考评者的策略变化而进行优化和调整。在考评机制开始创立时，不同政府和部门由于自身差异性，会有不同意见和看法，尤其是对考核的有效性和公平性。越是被考评者接受考评机制，考评机制所期望的赛马效应越有可能发生。而随着“接诉即办”考评机制的日益完善，各级政府和部门对考评结果的接受度和认可度也大大提升，正在从“我被评”到“我自评”转变，“接诉即办”发挥城市体检功能的重要性突显，这也是考评机制得到认可的体现。

四、互动治理的披露机制：月度点评通过披露机制形成道义效应

为了让“接诉即办”的考评机制发挥作用，就需要促进考评结果的有效使用。当前，北京市委主要通过披露机制和激励机制来支撑考评机制实现赛马效

应。披露机制主要是基于信息和道德来规范人的行为，而激励机制则是基于偏好和惩罚来规范人的行为[①]。从某种程度上看，正是通过披露机制和激励机制为考评机制提供支撑，才最终使得反馈机制得以发挥作用，进而实现“民有所呼，我有所应”。这也说明，“接诉即办”要取得成效，需要依靠多重机制相互支撑、相互促进和相互协调，而不能仅仅依靠单一机制来实现诉求办理。简而言之，北京市推行的“接诉即办”改革牵一发而动全身，是一个超级复杂的超大城市治理系统变革，它构成了超大城市治理大变革的小切口。这一部分我们重点讨论披露机制，下一部分讨论激励机制。

从2019年1月开始，在北京市委召开的区委书记月度点评会上，各区和街道乡镇的“接诉即办”排名情况向社会公布。最初只是公布排名前三的区、最后一名的区和诉求量前十的街道乡镇。从2019年5月开始，北京市除了公布排名前三和最后一名的区之外，正式公布了先进类、进步类、整改类和治理类等四类各十个街道乡镇，其中先进类是综合排名前十的街道乡镇，进步类是环比进步幅度大的前十名街道乡镇，整改类是综合排名后十的街道乡镇，治理类是诉求最集中的前十名街道乡镇，这使得信息披露制度标准化、程序化和体系化。从2019年4月开始，北京市委召开的区委书记月度点评会也开始公布市直部门排名靠前的单位和最后一名的单位，这意味着信息披露机制日益健全。随着北京市“七有”和“五性”考评指标体系的建立，北京市委在区委书记月度点评会上也开始公布“七有”和“五性”的综合排名情况，并且将分项排名情况用于会议点评中，进一步扩大考评结果的使用范围。

北京市委每月召开的区委书记月度点评会或者市直部门党组月度点评会成为北京市委推动各项工作的重要议事平台。它既是一个督促重要工作开展的沟通平台，又是一个发布重要信息的披露平台。从某种程度上看，月度工作点评会是一种促进工作交流、实现上下沟通和形成共识的过程。通过月度工作点评会，各区、各部门的重点工作以及其在北京市城市战略定位中的位置得以厘清，存在的问题得以诊断，并明确了下一步改进的方向，这是北京市重大工作得到有效推动的沟通平台。目前，很多其他地方开始学习北京市区委书记月度工作点评会的做法，月度点评会作为一个程序性沟通平台，发挥了很好的共识形成作用。

月度点评会作为“接诉即办”考评结果的披露平台，会基于信息和社会规

---

① Rusina A. Name and shame? Evidence from the European Union tax haven blacklist. International tax and public finance，2020，27（6）.

范形成一种道义效应。月度点评的特点不仅在于考评结果在“同行”之间进行扩散，而且在于考评结果在“社会”范围内扩散，成为一种公共信息。“接诉即办”考评结果的发布，就是通过信息来规范治理主体的行为，推动各级政府和部门到一线解决问题，提升人民群众的获得感。这里所谓的道义效应，主要是指“接诉即办”考评结果排名靠前的区、街道乡镇和市直部门会有一种荣誉感，这代表了市委对其工作的认可。相反，“接诉即办”考评结果排名靠后的区、街道乡镇和市直部门则会有一种羞愧感，这意味着市委对其工作的点名批评，可能引发道德上的内疚感。在这种考核评价中，由于北京只有 16 个区，这会对各区形成更大的压力，尤其是排名最后的区。原因很简单，街道乡镇数量众多，达到 300 多个，每次只公布 40 个左右，不太容易形成固定印象，而区的数量少，较容易形成固定印象，这使得信息披露对区的压力更大。

由此可见，道义效应的发挥，既依赖被考评者对结果的感知，又依赖社会规范所形成的压力，两者缺一不可。更多的信息公布，会进一步提升“接诉即办”的治理绩效。事实上，信息既是重要的治理资源，又是关键的治理手段。信息作为治理资源，主要是强调治理主体需要依靠信息才能够寻找治理问题、优化治理方案。从这个意义上看，“接诉即办”成为一种发现问题的机制，它是城市与市民进行问题和诉求互动的平台，通过这个机制，超大城市治理的问题得以建构。信息作为治理手段，主要是强调更多的信息发布会减少治理主体和治理对象之间的信息不对称，使得治理主体和治理对象能够在信息指引之下进行行为调整从而提升治理绩效。未来，北京市可以在进一步利用好“接诉即办”的大数据上下功夫，形成信息和数据驱动的超大城市治理变革。

五、互动治理的激励机制：干部提拔和专项监督通过激励机制形成晋升和威慑效应

考评结果的披露只是对各级政府和部门官员的一种“软约束”。“软约束”需要依靠对官方行为能够产生直接影响的“硬约束”来支撑[①]，这是“接诉即办”激励机制的关键。简而言之，政府和部门官员会重视自身的形象，但他们更注重自身的直接利益和偏好实现程度。就激励而言，既有正向激励，又有负向激励，有时候负向激励被称为“约束”。正向激励指通过满足官员的偏好来

① Simon H A. Administrative behavior. New York：Simon and Schuster，2013.

引导他们的行为，它要求“接诉即办”与官员偏好实现挂钩。负向激励指对官员实施惩罚，它要求“接诉即办”与官员利益受损建立联系。北京市在推行“接诉即办”改革时，非常重视将“接诉即办”与官员晋升、专项监督等联系在一起，为此十分重视发挥北京市委组织部、市纪委在“接诉即办”中的作用，从而为激励机制真正发挥作用提供组织和制度保障。

“接诉即办”的正向激励机制主要是通过干部提拔而产生的晋升效应，这使得各级政府和部门给予“接诉即办”更多的注意力分配。对于官员而言，最大的激励来自晋升，这里的晋升意味着从较低岗位上升到更高岗位。2019 年 7 月 31 日，北京市召开 7 月份区委书记月度点评会，会上明确提出：“相关部门要主动介入督办高频问题，将基层办理结果纳入部门考评，注重在‘吹哨报到’‘接诉即办’中识别考察干部。”随着“接诉即办”改革深入和考评机制科学化水平提升，北京市将干部选拔任用与“接诉即办”联系起来，明确规定“接诉即办”绩效排名靠后的区、街道和乡镇干部不提拔，对于排名靠前的干部优先使用，而对于长期处于后面的干部进行岗位调整，这极大地调动了干部做好“接诉即办”工作的主动性、能动性和积极性。干部晋升制度的调整，意味着做好“接诉即办”工作成为干部晋升的必要条件，“接诉即办”工作做得好不一定提拔，而“接诉即办”工作做得不好一定不提拔，这形成了面向基层一线的用人导向。事实上，“接诉即办”工作是以人民为中心的思想在超大城市治理中的集中体现，将其作为用人的基本要求是培养人民公仆型领导干部的具体举措。

“接诉即办”的负向激励主要是通过专项监督带来的威慑效应，这使得各级政府和部门不得不重视“接诉即办”工作。2019 年 1 月 30 日召开的区委书记月度工作点评会明确提出：“市委督查室将会同市政务服务局对反映突出问题进行点穴式督办。”“接诉即办”成为市委督查的重点，也是市委注意力分配的体现。要让各级政府和部门的领导干部在“接诉即办”改革中勇于担当，及时回应民众诉求，还需要对敷衍群众的作风和行为进行监督，并且及时对违规行为进行纠偏，通过惩罚的威慑来促使各级政府和部门回应和解决民众诉求。为此，北京市各级纪检监察机关聚焦办理群众诉求态度恶劣、作风粗暴，假办理、假作为、假履职，整改不力、未见实效等十二类问题，仅 2020 年 1 至 10 月就共发现问题线索 1 032 条，组织处理 448 人，给予党纪政务处分 7 人，下发纪律检查建议书、监察建议书、提醒函 102 份。此外，针对排名靠后的街道乡镇，北京市还建立了专门的约谈制度，督促这些街道乡镇进行整改，以提升对民众的回应性。这些立体式监督制度的建立，形成了“接诉即办”的威慑效应，让各级政府部门和官员切实履行自身职责。

六、互动治理的学习机制：诉求办理通过学习机制形成能力效应

所有的考评机制和激励机制最终都需要影响和改变政府部门及其工作人员的行为，促进问题解决，回应民众诉求，从而实现以人民为中心的超大城市治理变革。因此，所有在一线回应和解决民众诉求的基层政府及其工作人员的治理能力成为“接诉即办”是否能够取得成效的关键变量，提升治理能力也成为进一步深化“接诉即办”改革的重要内容。与其他治理任务相比，“接诉即办”所产生的治理任务具有个性化、多样化和复杂化等特征，很多治理任务甚至是棘手难题，这对常规式、程序式和规律式的官僚治理逻辑构成了巨大挑战。因此，在面对“接诉即办”的治理任务时，很多基层组织及其工作人员感觉压力大、疲于应付和不得要领，这也使得他们对“接诉即办”产生了负面认知和评价。这种负面认知和评价会限制积极性和主动性的发挥，并进一步强化负面认知和评价，最终形成不利于问题解决的“认知陷阱”①。

“接诉即办”的考评机制和激励机制最终需要通过学习机制提升诉求办理效率和水平，形成问题解决的能力效应。无论是从“接诉即办”工作做得好的区、街道乡镇看，还是从较差的办理水平向较好的办理水平转型的区、街道乡镇看，破解“认知陷阱”和提高问题解决率的关键还是在于学习，要通过学习来改进对问题、解决方案和民众的认知，从而寻找到符合问题情景和民众需求的解决方案，并最终获得民众的认可。诉求办理通过学习机制来形成能力效应，需要通过经验学习、标杆学习、开发学习、探索学习、行动学习、互动学习等多个方面的努力，最终做到更好地回应民众诉求。事实上，只有通过不断学习，才能够更好地适应变化的环境、民意和诉求，才能够寻找到更智慧的解决方案，“接诉即办”才能够具有可持续性。

要提升诉求办理的能力，各级政府部门和官员首先需要向经验学习，通过对经验的总结，剖析自身的不足和问题，寻找改进办法，并通过不断试错来提升治理能力和治理水平。向经验学习是人类的本能，也是人类适应环境的一种重要适应性机制。对于排名靠后的街道乡镇，尤其需要从自己过去失败的教训

① Hodgkinson G P，Healey M P. Cognition in organizations. Annual review of psychology，2008 (59).

中寻找改进办法。仅仅向经验学习还不够，治理主体要提升治理能力、应对“接诉即办”的挑战，还需要向标杆学习，向“接诉即办”中排名靠前的区、街道乡镇、部门学习，学习它们诉求办理中的成功经验和做法，并且与自身的治理情景和任务相结合。此前，北京市大兴区连续两年排名靠前，其创造的很多工作方法，甚至机构改革做法，都被其他政府部门广泛借鉴学习。政府部门及其工作人员在诉求办理学习中，要区分“开发学习”和“探索学习”，并逐步向探索学习转变。开发学习主要是借鉴已有知识来促进自身问题的解决，体现了拿来主义的核心内容，而探索学习则是强调治理主体需要针对自身问题情景创造新的知识，通过新知识来解决问题。这意味着，在不同区政府、街道乡镇和政府部门学习其他治理主体的经验的过程中，有些经验和知识可以直接使用，更为重要的是要进行适应性创新。要使得学习有成效，治理主体还需要在行动中学习，通过行动来提升学习能力，通过行动来检验学习成效。行动学习意味着学习本身是一个实验过程，不同治理主体需要将学习与行动结合起来，通过学习改进行动，通过行动促进学习，提升诉求办理水平。除了单向度学习之外，治理主体还需要通过双向度学习来改善治理绩效。这种互动学习强调基层政府及其工作人员需要在与群众交往中学习，寻找解决问题的办法，这也符合群众路线的核心理念。

七、互动治理的认同机制：宣传教育通过认同机制形成文化效应

任何外在的考评机制和激励机制对行为的影响都是短暂的，要使改革具有可持续性，就必须形成一种内在认同，进而使之成为一种习惯和自觉①。为此，北京市“接诉即办”改革非常重视认同机制的建设，通过宣传教育来形成文化效应，使得各方自觉主动参与“接诉即办”工作，实现“民有所呼，我有所应”。与考评机制和激励机制相比，认同机制是一种自内而外的机制，其驱动力来自行动者自身，他们做好诉求办理的主要动力是对这项改革的认可。因此，认同机制从本质上看是一种观念现象，政府部门及其工作人员因为认同其背后的理念和逻辑而自觉将行为与改革的要求保持一致。简而言之，政府部门及其工作人员主动回应民众诉求，并非来自上级部门的考核要求或迫于监督压力，也不是基于晋升的动机，而只是因为个人自觉将“接诉即办”改革的价值

① Lee S M. An empirical analysis of organizational identification. Academy of Management journal, 1971, 14 (2).

作为自身的价值，自觉将“接诉即办”改革的要求作为自身的要求，自觉将“接诉即办”改革的目标作为自身的目标，实现个人和组织的有机统一。

建立“接诉即办”的认同机制，需要依靠宣传教育等手段让各方达成共识，最终使得“接诉即办”成为一种习惯、传统和文化。北京卫视《向前一步》节目组针对“接诉即办”制作了专题节目，对“接诉即办”改革的典型经验进行宣传，促进改革双方达成共识。除了电视媒体之外，报纸、公众号等传统和新型媒体也开始对“接诉即办”改革进行报道，不同典型经验和事例的陈述，为“接诉即办”改革共识的形成提供了经验基础。“接诉即办”最终需要合理的诉求人和合格的办理人相互理解、相互协商、相互认可，这是一个合作生产的过程。一旦诉求人和办理人能够从对方立场看待问题，相互之间就会有更多的理解、信任和共识，这样有利于问题的解决，也使得“接诉即办”具有可持续性。

除了宣传教育之外，要促进“接诉即办”认同机制的建立，还需要通过培训、对话、协商等多种方式和手段来促进共识形成，从而将“接诉即办”从一种“他者行为”转化为“自我行为”。培训是促进“接诉即办”价值观被接受的一个重要手段，除了传统培训之外，有必要专门针对“接诉即办”开发培训课程，让所有公务员接受“接诉即办”改革的基本理念、价值和逻辑。在培训的基础之上，还有必要建立一些有利于共识形成和价值观形成的对话与协商平台，一方面让不同的观念和价值能够相互碰撞，用观念来说服观念，另一方面要让不同治理主体对话和协商。这既是一个问题解决的过程，也是一个相互理解、相互信任和共享信念形成的过程。

八、结论

治理可以有多重含义，互动治理代表了其最核心和最精髓的内容，它强调不同治理主体通过互动来促进问题解决、实现共同目标。超大城市治理首先需要回应市民具有多样性、复杂性和差异性的需求，而传统的专业化分工不太可能解决这一难题。北京市“接诉即办”改革代表了一种回应市民诉求、推动互动治理的有效尝试，它以一体化的热线界面来回应差异化需求，并最终实现城市善治。我们的研究表明，北京市“接诉即办”改革之所以能够取得成效，关键是因为它找到了实现互动治理目标的有效手段，即通过机制建构来使得互动治理发挥作用。北京市“接诉即办”改革创立了一系列机制来推动不同治理主体之间有效合作，从而形成了有利于问题解决的互动治理机制。基于互动治理类型的划分，本章重点分析了反馈机制、考评机制、披露机制、激励机制、学习机制、认同机制等 6 种主要机制，讨论不同治理主体为什么有动力实现良性互动，并且最终推动问题得到解决和实现治理目标。

“接诉即办”既是从小切口出发推动超大城市互动治理的实践创新，也是中国特色超大城市互动治理的典型事实，未来仍然值得深入研究和总结。相关研究可以围绕两个方面展开：一方面，进一步研究中国治理所具有的特征性事实，对中国治理进行深入研究，讲好中国治理故事；另一方面，进一步与国际学术界对话，通过中国治理来丰富和发展治理理论学术话语和理论体系，在这一方面，我们仍然任重而道远。

◀◀◀ 第十章 ▶▶▶

超大城市的乡村治理

2020 年 12 月 28 日至 29 日，中央农村工作会议在北京举行，习近平总书记强调："从中华民族伟大复兴战略全局看，民族要复兴，乡村必振兴。从世界百年未有之大变局看，稳住农业基本盘、守好'三农'基础是应变局、开新局的'压舱石'。构建新发展格局，把战略基点放在扩大内需上，农村有巨大空间，可以大有作为。"北京作为大国首都，要学习和贯彻中央农村工作会议精神，探索超大城市解决"三农"问题的新路子，率先全面推进乡村振兴在京郊大地落地见效。这是北京义不容辞的使命和责任。

北京要做好"三农"工作，既需要把握和遵循党和国家展开"三农"工作所形成的基本规律，又需要结合首都自身特色，将"三农"工作与首都战略定位、城市发展规律、市情区情有机结合，处理好都、城、乡三者关系，处理好大城市和大京郊关系，建设大城市和大京郊一体化的国际和谐宜居之都。对于首都乡村振兴，我们认为最根本的路径是把握首都高质量发展主线，以大城市和大京郊协同发展驱动首都乡村振兴，发挥好政府作用实现大城市带动大京郊，发挥好市场作用实现大京郊服务大城市，以全面深化乡村改革促进大城市和大京郊一体化，坚持党的全面领导，实现乡村治理体系和治理能力现代化。

一、处理好大城市和大京郊关系是实现首都超大城市乡村振兴的根本遵循

乡村振兴作为首都高质量发展的重要组成部分，是由北京内外部客观发展条件决定的，是由北京市委市政府多年来工作部署的成效积累与战略延伸决定的，也是由国家在新发展阶段以新发展理念应对新发展格局的要求决定的。一直以来，北京十分重视"三农"工作，振兴乡村历来是首都推进高质量发展的

重要任务。2014 年习近平总书记视察北京以来，北京市委市政府根据首都城市战略定位，针对首都“三农”工作采取了一系列举措，具体形成了首都农业农村高质量发展的格局。基于中华民族伟大复兴战略全局和世界百年未有之大变局，重点需要处理好工业和农业关系、城镇和乡村关系、市民和村民关系，在互保、互补、协调、共荣中建构新型工农城乡关系。这也要求北京作为国家首都在构建新型工农城乡关系、实现乡村全面振兴上率先垂范。

要全面推进首都乡村振兴，探索符合首都特点的超大城市乡村振兴新路子，其关键是处理好都、城、乡三者关系，其核心是处理好大城市和大京郊关系，通过大城市高质量发展带动大京郊高质量发展，通过大京郊高质量发展促进大城市高质量发展，将首都特点、城市规律和乡村特色有机融合，充分调动各方资源促进首都乡村振兴。这意味着，首都乡村振兴需要在把握首都城市战略定位的基础上思考农业农村发展，在遵循超大城市运行规律的基础上统筹城乡发展，在综合考虑国家乡村振兴战略和首都发展传统的基础上推进农业农村现代化。大城市和大京郊高质量协同发展是首都高质量发展的“车之两轮，鸟之两翼”，两者相互促进、互为支撑和有机统一。

处理好大城市和大京郊关系，首先需要厘清首都的定位、功能和目标。习近平总书记在 2017 年视察北京时，提出了“建设一个什么样的首都、怎样建设首都”这个重大时代课题，北京的所有工作都需要围绕首都发展展开，乡村振兴也不例外。对于“建设一个什么样的首都”，《中共北京市委关于制定北京市国民经济和社会发展第十四个五年规划和二〇三五年远景目标的建议》提出：“北京要走在全国前列，率先基本实现社会主义现代化，努力建设好伟大社会主义祖国的首都、迈向中华民族伟大复兴的大国首都、国际一流的和谐宜居之都。”从这一论述可以看出，首都在国与都、都与史、都与城中形成自身价值，它是展示中国特色社会主义和中华民族伟大复兴的重要窗口，这是对首都国家功能的定位，而国际一流的和谐宜居之都是对首都城市功能的界定。要实现首都的国家功能和城市功能，最根本的是把握好“四个中心”首都核心功能定位和做好“四个服务”。因此，首都乡村振兴要为首都展示中国特色社会主义和中华民族伟大复兴贡献力量，要为建设国际一流的和谐宜居之都贡献力量，这些也是检验首都乡村振兴成效的重要标准。

处理好大城市和大京郊关系，还需要对首都城市空间格局有深刻认识。对于首都城市空间布局及其对乡村振兴的影响，需要从三个尺度考量，即京津冀、城市与乡村结合部、城市内部。从京津冀的角度看，首都乡村振兴涉及首都周边的乡村发展，更涉及环首都区域的乡村发展，首都乡村振兴不仅需要在首都内部进行乡村振兴，还需要带动京津冀乡村振兴，从而实现环首都乡村振兴。从城市与乡村结合部的角度看，首都乡村振兴主要是在首都的生态涵养区和平原地区展开，这些区域将中心城区包围，是乡村振兴的主战场，也就是所谓的大京郊地区。从城市内部的角度看，首都乡村振兴涉及对城中村的更新和改造，它是在一个集中连片城市区域对乡村问题进行治理。北京城市发展的一个特点是建立绿化隔离地区来实现城市空间隔离，其中一绿主要是在四环与五环之间，二绿主要是在五环与六环之间，这些区域涉及城市内部的乡村振兴问题。

处理好大城市和大京郊关系，更需要对新型工农城乡关系有深刻认识。工与农、城与乡之间发展不均衡、不公平的问题在北京长期存在并仍然突出。按照党的十九届五中全会精神，北京应在工农城乡关系上率先从“以工补农、以城带乡”的阶段推进到“工农互促、城乡互补”的阶段，既要继续强调工业和城市对农业农村的反哺作用，也要加强农业农村现代化对全域居民生产生活生态的保障功能，还要承认工农城乡各自的独特性及其彼此之间的差异性和独特性。党的十九大针对乡村振兴提出了“产业兴旺、生态宜居、乡风文明、治理有效、生活富裕”的总要求，这也为首都乡村振兴指明了方向。结合北京的具体情况，首都全面推进乡村振兴的路子，更应该突出全域基础设施和公共服务的均等化，同时保持城乡在生产和生活方式上（尤其是环境治理、居住方式、社区管理等方面）的特色，满足首都高度多元化的需求。新时期要让新型工农城乡关系的特色更加制度化、显性化，让北京的经验成为超大城市推进和实现乡村振兴的世界性样板。

二、发挥好政府作用实现大城市带动大京郊

政府需要在区域协同上下功夫，处理好北京中心城区和生态涵养区之间的关系，对大京郊给予更多政策倾斜、资金支持和人才帮扶。中心城区和生态涵养区之间的关系涉及大首都地区的内部发展平衡，是一个国家区域之间平衡问题在大城市内部的体现。中心城区在经济、科技、文化、人才、产业、基础设施等各个方面都有较大优势，也是城市经济增长的主要贡献者，而生态涵养区则不可能是以经济发展为主，它们更多地承担生态保护、文化传承、乡村文明等功能。这两类区域能否实现优势互补，直接关系到区域能否协同，并最终决

定大都市地区乡村振兴水平。一般而言，乡村振兴同时面临着资源短缺和机会短缺的问题。资源短缺主要涉及国家和社会对乡村的投资问题，机会短缺主要涉及乡村是否有发展空间和可能性。事实上，只有两类不同地区实现协调发展和一体化，乡村振兴才能够真正实现。为此，中心城区需要对生态涵养区进行帮扶，尤其是在公共服务供给、人才流动、资金支持等方面，通过帮扶缩小区域发展差距。

北京中心城区除已经完全实现城市化的地区之外，还面临着自身城中村更新和改造的问题，这是在大城市内部实现乡村振兴，需要在大城市内部推进城市地区和乡村地区的一体化发展。当然，对于北京而言，大城市地区主要涉及绿化隔离地区的乡村振兴问题，其中一绿要快速实现城市化，从乡村向城市转型，二绿要实现乡村振兴，享受城市化的红利，切实践行“以工补农、城乡互补”。在实现区域协同方面，北京市委市政府也需要发挥更大作用，在对不同区域的考核指标、资金分配、产业布局、产业协同、支持互补上进行创新，让不同区域能够共同为首都城市战略定位服务。

政府需要在乡村的物理属性改变上下功夫，尤其是乡村基础设施的更新、维护和人居环境改善。大城市的一个显著特点是拥有高水平的基础设施，包括道路、水、电、网络等。要让大城市带动大京郊，一个非常重要的核心点是缩小大城市和大京郊在基础设施方面的鸿沟。而乡村基础设施建设、更新和维护包括两个层面内容：一个是乡村区域内部的基础设施改造；一个是乡村与城市区域连接的基础设施改造。前者主要包括农村公路、供排水、供气、环保、电网、路灯、互联网、物流、邮站、连锁便民店、停车场等基础设施及配套公共设施。这些基础设施的改造是从物理层面对乡村进行改造以提升乡村人居环境，通过改造使得乡村基础设施水平向城市靠拢。这意味着，乡村需要建立与自身特点相符合的基础设施建设标准，通过基础设施改造为乡村振兴提供良好的物理基础。因此，与人居环境相关的基础设施改造是乡村基础设施建设的重点。后者则是乡村融入大城市区域的基础设施，涉及地铁、城郊铁路、公共汽车、自来水管网等。乡村基础设施只有融入城市网络，才能够给乡村带来机会。这就需要对大城市和大京郊的基础设施进行统一规划，制定符合各自特点的标准。只有内部和外部基础设施比较健全，城乡才能够真正协调和互补，使乡村在保持自身独立性的前提之下与大城市融合发展，共享发展红利。

政府需要在乡村公共服务供给上下功夫，让乡村居民能够获得均等化的公共服务。要围绕“七有”和“五性”，探索公共服务在大城市和大京郊均衡配置，提升京郊村民的获得感、幸福感和安全感。要结合“新基建”完善信息化基础设施，着力建设大京郊乡村公共服务体系，重点在村级公共服务提供、城镇公共服务布局和市级公共服务获取三个方面做工作。村级公共服务主要在村域配置，如农村公共文化建设、乡村社区卫生机构和公共体育设施配置等，这些公共服务的特点是村民直接可获得。而大城市可以在城镇公共服务和市级公共服务供给上大有作为，尤其是需要在医疗、教育、养老、就业等公共服务配置上给予大京郊支持，通过医联体、教育集团等支持京郊提升公共服务品质，让乡村居民享受高质量公共服务。同时，乡村公共服务提升的目标群体不能也不应仅仅是乡村居民，应包括含城市居民在内的所有北京及周边区域居民。北京作为超大型世界性城市，在战略上有必要为迎接更大规模的“逆城市化”浪潮的到来，特别是更多的城市居民来到郊区乡村创业创新和生产生活而产生越来越庞大的公共服务需求做好长远谋划。

三、发挥好市场作用实现大京郊服务大城市

发挥市场在空间资源配置中的作用，引导核心资源向大京郊聚集，让大京郊成为“四个中心”战略定位和“四个服务”的支撑空间。北京大京郊要服务好“四个中心”战略定位，做好“四个服务”，成为促进北京实现减量发展、疏解非首都核心功能、实现京津冀协同发展的重要战略支撑。在国际交往中心、国际文化中心、国际科技创新中心等功能实现方面，大京郊可以充分利用政府引导和调节功能，发挥市场在空间资源配置中的作用，为首都高质量发展作出贡献。这意味着大京郊营商环境建设需要提上日程，建设国际化市场化法治化营商环境，为承接“四个中心”战略定位提供保障和基础。怀柔的雁栖湖国际会都就是大京郊国际交往中心的典型。大京郊环境优美，对外国人有吸引力，可以在国际交往中心建设中发挥关键作用。而延庆的长城国家文化公园则是大京郊发挥全国文化中心作用的代表。大京郊既有丰富的旅游资源，又有丰富的文化资源，可以将文化和旅游结合，为全国文化中心建设贡献力量。怀柔科学城是大京郊打造国际科技创新中心的重要载体。大京郊需要做好配套服务，为高端人才创新创业提供良好生态。从这个意义上看，大城市带动大京郊的过程，也是促进大城市自身成长的过程，只有大京郊发展起来，才可能为大城市提供广阔空间。

发挥市场在生态资源配置中的作用，通过价格机制来推动大京郊为大城市

提供优美生态环境。田园城市、生态城市、绿色城市、森林城市等逐渐成为国际大都市发展的重要方向。大京郊可以在生态产品的提供方面发挥核心作用。生态产品是多维度的，它可以为城市提供绿肺，也可以为人们提供休闲场所，调节人们的心情。只有对生态环境、产品和绿色资源定价，才能够实现生态资源可持续发展。因此，大京郊要服务大城市，需要在旅游和文化产品开发上下功夫，在高端化、精品化、特色化、个性化方面进行尝试，实现大京郊文化和旅游业高质量发展。事实上，大京郊为大城市人群提供旅游和文化产品服务的过程，也是改善自身生活和服务质量的过程，两者是相互促进、协同发展和共同进步的关系。与前面的为“四个中心”服务相比，这里更多的是通过生态服务来为大城市和生活在大城市中的人群提供服务，让大城市居民感受自然之美。从这个意义上看，这也是大京郊落实生态涵养区战略定位的具体尝试，更是大城市和大京郊深度融合的抓手。

发挥市场在产业资源配置中的作用，促进大京郊特色乡村产业、绿色农产品、种子产业和多样性农业服务的高质量发展。除了为大城市提供生态产品之外，大京郊还可以提供农产品服务，这是乡村与城市最大的区别，也是农村社会的本质特征。大京郊要发展农业、供给农业产品，需要在绿色化、生态化和有机化上体现特色，需要将农业绿色发展摆在更加突出的位置，加快建立以绿色生态为导向的农业生产补贴机制，大力推广节水农业、生态农业、循环农业，把产出高效、产品安全、资源节约、环境友好的要求落实到每个地块。北京作为最早发展种子产业的地方，也应该在涉及农业“卡脖子”的种子产业方面有更大作为，努力打造成为中国种子产业创新之都。此外，大京郊还可以将农产品供给与文化、旅游结合起来，发展观光农业、采摘农业和体验农业，以实现农业价值的最大化。事实上，没有农业的现代化，缺乏绿色、智能、多样性等现代化农业理念，首都整体的现代化发展也无从实现。农业现代化既是首都发展现代化的组成部分，也是其短板和弱项，需要进一步加强。

四、全面深化乡村改革促进首都大城市和大京郊一体化

无论是大城市带动大京郊，还是大京郊服务大城市，都需要通过全面深化乡村改革来实现。全面深化乡村改革需要聚焦于一些根本性和基础性制度，通过制度变革来激发乡村社会中各个主体的积极性，充分发挥市场的主导作用，发挥政府的关键作用，促进资本、产业、人才等要素向乡村移动，提升乡村社

会中各种要素资源的配置效率，为乡村振兴的可持续性奠定基础。全面深化乡村改革的过程，是用一种制度替代另一种制度的过程，是高质量制度取代低质量制度的过程。在乡村振兴中，农业土地制度、农村集体产权制度、农村合作制度、农村人才制度和农村金融制度等是亟须改革的关键领域。要通过这些领域的改革实现首都城乡规划建设高质量治理。

全面深化农业土地制度改革，实现首都城乡土地市场一体化。土地制度改革与空间规划联系紧密，它主要涉及经营性土地、集体建设用地和宅基地等类型的土地。在推进首都乡村振兴中，需要按照城市总体规划来对乡村土地进行治理，根据规划明确不同土地的用途，在用途明确的前提之下，通过制度变革来提升乡村土地使用效率。当前，首都乡村振兴同时面临着土地违章建筑拆除和土地制度改革的双重任务：一方面，需要依法行政，对不符合规划的违章建筑进行拆除，确保土地规划的落实和自然资源的合理使用；另一方面，还需要通过土地制度改革实现土地资源的高效配置。对于经营性土地，要继续稳定农民的土地预期，对耕地实现更严格的保护，深化“三权分置”改革，探索符合首都特点的土地经营模式变革。集体建设用地制度改革是农村土地制度改革的关键和难点，它需要在符合法律法规的前提之下，实现集体建设用地和国有建设用地同步入市，将更多的收益留给农村和农民。此外，通过集体建设用地改革，如兴建人才公寓等，也可以为大城市人才引进提供住房支撑。宅基地所有权、资格权、使用权“三权分置”，也将会是下一步改革的重点。

全面深化农村集体产权制度改革和农村合作制度改革，实现农民收益和整体福利提升。农村集体经济是农民增收的重要渠道，也是农民适应现代市场经济运行的重要手段，对于改善和保障农民福利具有重要支撑作用。而农村集体经济的发展壮大离不开农村集体产权制度改革，它要求在对农村集体经济进行确认和登记的基础之上，积极推动资源变资产、资金变股金、农民变股东，唤醒乡村沉睡的资源资产。北京市应率先建立起规范的集体产权交易市场，探索农村集体经济新的实现形式和运行机制，壮大集体经济。同时，如何让农民重新组织起来，使农民通过组织化方式降低风险，也是未来的重大挑战之一。这意味着，首都乡村振兴需要根据不同农业合作形态创新不同的组织模式，大力扶持发展家庭农场（林场）、合作社、集体林场、龙头企业、社会化服务组织和农业产业化联合体，让农民以组织化方式来应对风险挑战。

全面深化农村人才制度和农村金融制度改革，让人才和资本向农村和农业聚集。乡村人才短缺是普遍现象，要吸引和留住专业人才，就需要建立有利于人才在乡村发展的制度，让不同类型人才在乡村中找到各自的舞台。在首都乡村振兴中，一方面需要引进高层次人才，提升现有人才层次和水平，另一方面需要加强对现有人才队伍和人力资源的开发，通过技能培训、学历教育、实践锻炼等多种方式来提升现有农村人才的知识水平。此外，也需要对农村金融制度进行改革，让农业农村中不同主体能够快速、低成本地获取金融服务，为农村引入更多金融资本，提升乡村社会治理水平。

五、坚持党的全面领导实现首都乡村治理体系和治理能力现代化

坚持党对“三农”工作的领导，提升乡村治理效能，是乡村振兴的保障。无论是大城市带动大京郊、大京郊服务大城市，还是乡村制度改革，都需要通过有效治理来实现。因此，乡村振兴最终需要通过治理变革来促进乡村发展。乡村振兴既涉及乡村外部环境，又涉及乡村内部问题，这使得加强和改善党对“三农”工作的领导既需要加强乡村外部治理，又需要提升乡村内部治理水平，还需要推动内外部治理之间有效互动，最终实现乡村治理整体水平的提升。因此，党的领导、乡村外部治理和乡村内部治理构成了首都乡村治理体系和治理能力现代化的主要内容，通过党的领导来提升乡村外部治理和内部治理能力，实现外部治理与内部治理一体化融合。

坚持党对“三农”工作的领导，首先要深入贯彻落实党在组织上对乡村振兴工作的战略部署。《中国共产党农村工作条例》明确规定：“县委书记应当把主要精力放在农村工作上，深入基层调查研究，加强统筹谋划，狠抓工作落实”（第十条）；“实行市县党政领导班子和领导干部推进乡村振兴战略实绩考核制度”（第三十条）。北京应率先建立完善“四级书记抓乡村振兴”的制度办法，在总结城市工作经验的基础上，不断提升领导和推进乡村振兴工作的能力，培养一支既懂城市又懂乡村的干部队伍，逐步形成具有中国特色、首都特色的新时代乡村治理体系，为2035年实现中国特色的城乡善治提供北京方案。

坚持党对“三农”工作的领导，还需要完善乡村外部治理结构，形成各个不同治理主体共同参与乡村治理的格局。由于“三农”工作涉及方方面面内容，不可能只由一个治理主体完成，需要多个治理主体通力配合和共同行动。首都乡村振兴要取得好效果，就需要在坚持党对“三农”工作的领导下，建立一个包括多个治理主体的乡村振兴治理委员会，实现政策、资金、人才等不同领域的协同，最终实现乡村治理需求与乡村治理供给的有效匹配。乡村振兴治

理委员会作为一个治理平台，连接不同治理主体，促进这些治理主体实现对乡村各种治理问题的有效解决。这一治理平台的建立，也意味着首都乡村振兴不仅仅是京郊的职责，更是整个北京市委市政府的主要职责，甚至是需要进行京津冀协同的治理任务。这些外部治理结构的完善，可以对治理资源进行统筹，实现从乡村振兴碎片化治理向整体化治理的转型。

坚持党对“三农”工作的领导，更需要完善乡村内部治理结构，实现自治、法治与德治的有机统一。首都乡村振兴最终需要依靠一个个具体村庄的治理现代化来实现，治理需要与情景相结合，与乡村发展阶段相结合，没有治理万能药，只能在乡村具体问题的解决中实现有效治理。在提升乡村内部结构绩效方面，党的领导一方面体现为对乡村内部治理提供框架结构，尤其是建立一些促进乡村内部治理的制度，另一方面体现为对乡村内部治理进行监督，尤其是避免乡村治理脱离正确的方向。在进行乡村内部治理中，需要发挥不同治理主体的作用，充分利用自治、法治和德治，提升首都乡村治理体系和治理能力现代化水平。

第十一章

超大城市的数字治理 I

城市是一个国家人口聚集和发展水平最高的地方，往往最能体现技术引发社会变革的典型特征。城市政府为了适应当代技术变革的浪潮，其自身也需要进行适应性变革。为便于研究，我们将这种由技术引发的城市治理变革称为数字化转型。对于城市治理的数字化转型，实践者和研究者提出了不同概念，其中比较典型的包括“互联网＋政务服务”、一网通办、一网统管、城市大脑、数字治理、数字政府、移动政府、智慧城市、电子政务、大数据治理等[①]。城市治理数字化转型的背后是有共同的逻辑，还是包含着差异性构造逻辑？如果承认多样性的城市治理数字化实践包含着共同的逻辑，那么不同的实践只是某种相同原理的不同体现形式，正如不同类型的计算机共享相同的构造逻辑。如果认为不同治理实践包含着差异性逻辑，则需要使用不同的概念性框架来理解。对于研究者而言，以共同的逻辑解释差异性事实更具有吸引力，这是扩展理论外部有效性的诉求。

为此，本章基于界面理论[②]，试图提出一个新的框架来理解城市治理数字化转型[③]，认为其核心是通过面向公众和决策的双层嵌套治理界面建构，来实现对公众需求、多层政府、不同政府部门的有效整合，最终达到“双层界面，多重融合，一体化供需”的治理目标。面向公众的治理界面建构主要是基于需求导向，以一体化界面满足公众多样化和差异化需求。面向决策的治理界面建构主要是基于供给导向，以一体化界面应对碎片化的部门和多层次政府所导致

---

① 黄璜．数字政府的概念结构：信息能力、数据流动与知识应用：兼论 DIKW 模型与 IDK 原则．学海，2018（4）．

② Simon H A. The sciences of the artificial. Cambridge，Massachusetts：MIT Press，1996.

③ 李文钊．理解中国城市治理：一个界面治理理论的视角．中国行政管理，2019（9）．

的集体行动困境，让政府更好地为公众服务。在双层界面的建构之下，不同层级和部门、多样性主体等形成了复杂的嵌套关系，使得集体行动更容易实现。本章按照如下安排依次展开：首先，提出问题，即城市治理数字化转型的多样性实践是否可以使用共同的框架来理解；其次，根据界面理论范式，建构双层嵌套治理界面分析框架来包容多样性城市治理数字化转型实践；再次，对面向公众的治理界面建构进行讨论，并且结合上海市的“一网通办”和北京市的“接诉即办”进行分析；复次，对面向决策的治理界面建构进行讨论，并且结合杭州市的城市大脑和上海市的“一网统管”进行阐述；最后，对一体化治理界面得以形成的机理进行分析，认为服务化、情感化、数据化和智能化是其基础。

一、问题的提出

大数据、云计算、物联网、区块链、人工智能等新一代信息技术正在对人类社会的生产、生活和空间产生巨大影响，人类正在进入一个全新的时代和社会[①]。对此，不同学者有不同描述和刻画，如网络社会、智能社会、数字社会、信息社会和后工业社会等，这些词汇都有很强的技术色彩，体现了社会变革的技术逻辑。在认识到社会变革的技术基础的同时，很多研究者开始关注技术所形成的最本质的社会特征是什么。目前，很多研究者认为数字化、智能化和智慧化或许是其最显著的标识，并开始讨论智慧的本体和本体的智慧等哲学问题，旨在为智能社会或智慧社会提供本体论基础[②]。尽管学者们对于一种新的社会形态是否已经形成存在分歧，但技术对社会具有革命性影响已经成为共识。

无论是技术变革，还是由技术变革导致的社会变革，都会对政府治理产生影响。技术与政府治理之间的互动是双重的[③]：一方面，政府需要对技术进行规制，这是所谓治理技术（governance of technology）的涵义；另一方面，政府也需要按照技术逻辑进行自身改造，这是所谓技术治理（governance by technology）的观点[④]。例如，一些研究者对数据治理的讨论，其真正含义是用

① 何哲．网络文明时代的人类社会形态与秩序构建．南京社会科学，2017（4）．

② 何哲．智慧的本体与本体的智慧：人工智能时代的元问题及人类未来．电子政务，2018（3）．

③ 颜昌武，杨郑媛．什么是技术治理？．广西师范大学学报（哲学社会科学版），2020（2）．

④ 学者们在不同维度使用“技术治理”，有学者总结了技术治理的不同含义，这里我们将“治理”和“技术”两个词进行区分，讨论“治理技术”和“技术治理”两个不同的内容，其中将技术对治理变革的影响称为技术治理。

治理逻辑来对数据的权责、交易和运行等进行规范，数据是治理的对象，治理数据才是最合适的表达，这些都是广义治理技术范畴的子系统。而对于另外一些学者所讨论的“互联网＋政务服务”、数字政府等，治理是技术变革的对象，通过技术来对治理进行改造，这些新变革代表了技术治理的主要形态。很显然，本章所讨论的城市治理数字化转型属于技术治理的范畴，其核心是探究技术变革对城市治理的影响，以及城市治理为了应对技术变革浪潮进行的适应性调整。

在利用技术对城市治理进行变革和改造的过程中，中国不同地方形成了多样性的治理实践和经验，并且以不同的治理叙事呈现。当前，城市治理数字化转型比较典型的案例包括北京市的城市网格化管理和“接诉即办”、上海推行的“一网统管”和“一网通办”改革、广东省数字政府建设、浙江省杭州市的城市大脑实践等。可以预期，随着新一代信息技术变革和数字经济的发展，城市治理数字化转型将会成为一种治理新趋势。

对这些不同的改革实践和差异性的改革叙事，我们是否可以用统一的框架来理解？只有形成统一的分析框架，才能够促进不同改革实践之间的分享、学习与借鉴，避免知识“巴别塔”，促进知识的积累和发展。与此同时，统一的框架也可以提供问题诊断的工具，为进一步改革提供“启发法”，实现解释、诊断和规范的协同①。事实上，一些学者已经开始尝试发展统一框架来理解数字政府，如利用 DIKW 模型与 IDK 原则作为数字政府的概念性框架②。不过，当前研究对城市治理数字化转型的理解过多倚重“技术逻辑”和“数据逻辑”，从技术和数据的视角来思考概念性框架，而忽略“治理逻辑”，缺乏对治理情景本身的考虑。事实上，技术和数据必须嵌套在治理场景中才能够发挥作用。因此，要发展统一框架来理解城市治理数字化转型，就需要兼顾“技术逻辑”、“数据逻辑”和“治理逻辑”，寻找能够同时包含技术本质、数据本质和治理本质的本体论框架。本章结合人工智能和界面治理理论，提出了一个“双层嵌套治理界面”作为统一框架来理解多样性的城市治理数字化转型实践，讨论城市治理数字化转型的根本性问题和核心构成要件。

---

① 李文钊．理解治理多样性：一种国家治理的新科学．北京行政学院学报，2016（6）.

② 黄璜．数字政府的概念结构：信息能力、数据流动与知识应用：兼论 DIKW 模型与 IDK 原则．学海，2018（4）.

二、双层嵌套治理界面：理解城市治理数字化转型的分析框架

寻找事物的一般性构成框架性要素从而发现其运行规律，这一直是自然科学、生物科学和工程学的传统。埃莉诺·奥斯特罗姆正是在与不同学者的对话和讨论中，认识到寻找本体论框架的重要性，并率先开发了制度分析与发展框架（institutional analysis and development framework，IAD）和社会生态系统（social ecology systems，SES）的诊断框架，这些分析框架能够适用于多样性制度和社会生态系统[①]。一旦框架得以建立，多样性事实就可以被理解为要素的不同组合所导致的产出。事实上，韦伯对理想类型的讨论，也体现了这一观点，即理想状态代表对现实多样性的抽象。官僚制就是对一种组织模型的抽象，它广泛存在于政治、经济和社会的不同场景中。对于框架要素的建构，既可以从一般原理出发，通过演绎逻辑来构造，又可以从现实观察出发，采用归纳逻辑来推导。现实中常常是这两种逻辑的结合。埃莉诺·奥斯特罗姆在构造制度分析与发展框架时，就借鉴了博弈论思想来对行动者情景进行描述，并将博弈论的三要素扩展成为行动情景的七要素。

对于城市治理数字化转型的多样性方案、叙事和实践，我们需要找出其相同的构成要素。这不仅有助于揭示其内在规律，而且能够为未来改革指明方向。事实上，西蒙在讨论人工智能是否和人类具有同样智慧时，就采取了类似思路，通过提出智慧的一般性构成要素，论证人工智能和自然智能是智能的两种不同体现，最终得出结论，人工智能也具有智慧的特性[②]。对于中国不同地方的城市治理数字化转型，我们可以基于界面理论，认为数字化转型的核心是重构面向公众和面向决策的两个治理界面，双层治理界面的建构有利于实现跨层次、跨部门、跨领域的协同，真正促成供给与需求的一体化[③]。为便于讨论，我们将这种多层次、跨部门、跨领域的政府与公众一体化互动所形成的治理界面称为“双层嵌套治理界面”（见图 11－1）。

从图 11－1 可以看出，双层嵌套治理界面的核心是处理政府和公众的关系，通过界面建构和嵌套关系来整合分立的部门和需求。它至少包含五个构成要素，

---

① Ostrom E. Understanding institutional diversity. Princeton，NJ：Princeton University Press，2005；Ostrom E. A diagnostic approach for going beyond panaceas. Proceedings of the National Academy of Sciences，2007，104（39）.

② Simon H A. Artificial intelligence：an empirical science. Artificial intelligence，1995，77（1）.

③ 李文钊．理解中国城市治理：一个界面治理理论的视角．中国行政管理，2019（9）.

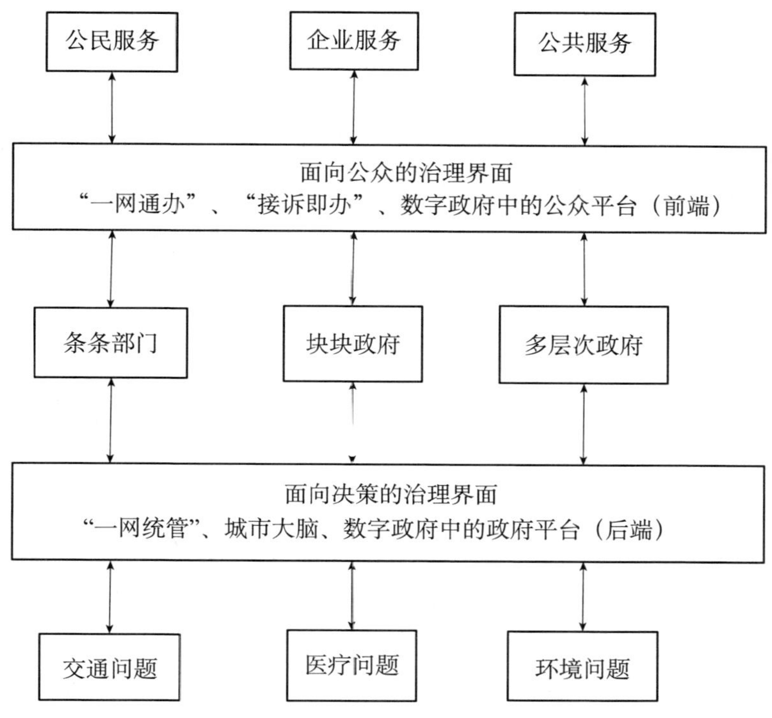

图 11-1　双层嵌套治理界面分析框架

即面向公众的治理界面、面向决策的治理界面、双层治理界面对现有政府部门和层级体系的整合、数字化为整合提供支撑以及供给与需求一体化。这意味着，数字化发展使得满足公众的集成化需求成为可能，而集成化需求的满足需要在政府的部门和层级间实现整合，于是公众、界面、部门与层级整合、信息共享等成为城市治理数字化转型的关键概念。一般而言，面向公众的治理界面建构是城市治理数字化转型的前提，这也是“需求导向”改革的内在含义，它强调“一个界面，多样性需求满足”，公众通过一个界面与所有政府部门互动，改变传统上公众在不同界面分别与不同政府部门互动的模式，“互联网＋政务服务”就是其中的典型。面向决策的治理界面建构是城市治理数字化转型的关键，这也是“供给导向”改革的内在含义，它强调“一个界面，多样性问题解决”，在某种程度上也是公共治理中的供给侧结构性改革，通过面向决策的治理界面的建构来实现对不同治理主体的整合，促使整合决策和分立决策有机统一。当决策涉及多个部门和不同层级政府协同时，就可以通过面向决策的治理界面来整合；当决策只涉及单个部门或单个层级政府时，就可以由所在部门或政府独立决策，通过面向决策的治理界面来实现分工与协调。无论是一体化界面建构，还是需求与供给整合，都离不开数字化。

双层嵌套治理界面分析框架为广东数字政府、浙江杭州城市大脑、上海“一网统管”和“一网通办”、北京“接诉即办”等改革提供了统一的解释逻辑。这些不同改革实践都包含着共同要素，只是要素的构造模式和话语叙事不一样。正如不同汽车类型都符合相同的汽车原理，不同的城市治理数字化转型实践都遵循双层嵌套治理界面的逻辑。接下来，我们将分别讨论面向公众和面向决策的治理界面建构，以及这些建构的数字基础。

三、面向公众的一体化治理界面建构：以“一网通办”和“接诉即办”为例

城市治理的数字化转型是从政务服务开始的，“互联网＋政务服务”是这种改革的基本原型，而如何优化公众的办事体验，让公众更高质高效地获得网上服务是其基本治理目标。中国城市政府为了更好地服务公众，提高人民满意度，从 1999 年开始探索建设政务服务中心，实现“一站式”办公[①]。2011 年，中共中央办公厅、国务院办公厅印发了《关于深化政务公开加强政务服务的意见》，提出“服务中心是实施政务公开、加强政务服务的重要平台”，并且强调，“凡与企业和人民群众密切相关的行政管理事项，包括行政许可、非行政许可审批和公共服务事项均应纳入服务中心办理”。此后，政务服务中心建设成为中国政府改革的重要内容和方向，它在提升行政效率和行政服务品质的同时，也成为服务型政府建设的重要举措。

随着新一代信息技术发展，政务服务中心作为为公众提供一体式服务的物理空间集合逐渐被网络空间所取代，“互联网＋政务服务”成为下一步改革的方向，开启了城市治理的数字化转型。近些年，中央政府开始加速推进政府治理的数字化转型，并于 2016 年、2018 年、2019 年先后发布了《国务院关于加快推进“互联网＋政务服务”工作的指导意见》（国发〔2016〕55 号）、《国务院关于加快推进全国一体化在线政务服务平台建设的指导意见》（国发〔2018〕27 号）和《国务院关于在线政务服务的若干规定》（国务院令第 716 号），为政务服务的数字化转型提供了指引和方向。对于在线政务服务的方向，《国务院

---

① 中国行政管理学会课题组．政务服务中心建设与管理研究报告．中国行政管理，2012（12）．

关于加快推进全国一体化在线政务服务平台建设的指导意见》指出："深入推进'互联网+政务服务'，加快建设全国一体化在线政务服务平台，整合资源，优化流程，强化协同，着力解决企业和群众关心的热点难点问题，推动政务服务从政府供给导向向群众需求导向转变，从'线下跑'向'网上办'、'分头办'向'协同办'转变，全面推进'一网通办'，为优化营商环境、便利企业和群众办事、激发市场活力和社会创造力、建设人民满意的服务型政府提供有力支撑。"由此可见，在线政务服务平台的核心是建构两个治理界面，一个是面向公众，一个是面向决策。

"一网通办"是以群众需求为导向的典型案例，让公众在网上享受一体化政务服务。各个城市的不同改革，如浙江的"最多跑一次"改革、广东的数字政府建设和上海的"一网通办"，从本质上看都是建构面向公众的治理界面，通过数字化方式提供公共服务和政务服务。对于"最多跑一次"改革，有研究者指出："'最多跑一次'是指群众和企业到政府办理一件事情，在申请材料齐全、符合法定条件时，从受理申请到形成办理结果的全过程只需上门一次或零上门。"① "最多跑一次"改革的实现，本质上是面向公众的一体化治理界面建构的过程，使得政府以整体形式呈现，公众得以从与多个政府层级和部门打交道转变为与"整体性政府"打交道，这个一体化界面是通过数字化方式实现的。上海的"一网通办"在某种程度上代表了一体化在线政务服务的最新进展，它形成了面向公众的治理界面，对个人办事、法人办事、行政权力、公共服务等事项进行了整合，并按政务服务、便民服务、利企服务等进行组织，真正实现了让公众和企业通过在线政务服务平台获得所有政务服务和公共服务②。上海市为了将"一网通办"制度化，还于2018年发布了《上海市公共数据和一网通办管理办法》，对公共数据治理和"一网通办"进行了规范。除了以网站的形式呈现面向公众的一体化治理界面之外，当前很多政府还开始推行移动在线政务服务建设，让公众在手机上办理各种政务服务。例如深圳市政府的"i深圳"应用程序，不仅提供了办事服务，如个人办事、企业办事、主题办事等，还与市民生活服务相融合，为市民的交通出行、医疗健康、便民生活等提供连接，扩展了服务的领域和范围。

"接诉即办"是北京市推行的政民互动平台，通过12345服务热线对市民

① 陈国权，皇甫鑫．在线协作、数据共享与整体性政府：基于浙江省"最多跑一次改革"的分析．国家行政学院学报，2018（3）．

② 上海市"一网通办"网站．[2020-04-27]．http：//zwdt.sh.gov.cn/govPortals/index.do.

诉求实现一体化回应。与政务服务相比，“接诉即办”主要是突出政府及时回应民众诉求，针对政府与公众之间的互动建立一体化界面。此前，公众要向政府反映自身诉求，需要通过不同途径与不同部门接触，而当一件事情涉及多个部门时，经常会导致部门之间推诿，这使得公众的问题得不到有效解决。北京市通过12345服务热线对绝大部分政府部门的热线进行整合，公众通过12345服务热线与政府建立联系，北京市政务服务局将诉求根据性质和内容分别直接派给333个街道和有关市直部门，减少行政层级、实现扁平化管理，促进在基层一线解决问题。此外，通过建立“回应率”“解决率”“满意率”等指标，促使各个部门和各级政府各司其职，真正回应公众需求。

要使得面向公众的一体化治理界面发挥作用，就需要对不同层级、不同类型、不同领域的政府和部门进行整合，这些整合可能是职能整合，也可能是流程整合。而无论是职能整合还是流程整合，最终都需要依靠数字化载体来发挥作用，实现数据共享、数据流动和决策互认，从而建立嵌套关系，实现一体化服务目标。因此，外部呈现的一体化治理界面，需要依靠内部结构之间的复杂嵌套关系来支撑，当涉及处理不同层级、不同类型和不同领域政府部门间的关系时，就会涉及技术、制度、权责等问题。

四、面向决策的一体化治理界面建构：以“城市大脑”和“一网统管”为例

在推动面向公众的一体化治理界面形成的同时，城市治理数字化转型的另一个方向是建构面向决策的一体化治理界面，这也实现了技术从服务赋能向问题解决赋能的转变。面向公众的一体化治理界面，主体是公众，核心是满足公众的政务服务和公共服务需求。面向决策的一体化治理界面，主体是政府，核心是满足政府对问题解决的需求，让政府通过数据整合和部门协同来共同解决城市治理面临的问题。这一改革方向也意味着城市治理要基于数字技术实现智能化转型，利用大数据、人工智能等提升城市治理科学化、精细化和智能化水平，让城市充满智慧①。目前，国内最能够代表这一趋势的是浙江省杭州市推行的城市大脑计划、上海市推行的“一网统管”、广东省推行的数字化政府建设等，其核心都是数据驱动和人工智能驱动的城市治理。

① Young M. Implementation of digital-era governance：the case of open data in U.S. cities. Public administration research，2020，80（2）.

杭州的城市大脑计划最能体现城市治理数字化转型的新思路，它强调数字化要为城市治理的问题解决服务，而面向决策的一体化治理界面建构是其实质。从 2016 年开始，杭州将城市大脑项目用于“治堵”，随后进一步扩展，实现了从“治堵”到“治城”再到“治疫”的转变，城市大脑的应用场景不断丰富。2018 年，杭州市发布《杭州市城市数据大脑规划》，开启了城市大脑的五年建设规划。目前，杭州的城市大脑已经进入 3.0 时代，形成了警务、交通、城管、文旅、卫健、房管、应急、市场监管、农业、环保、基层治理等 11 大系统和 48 个场景。

从《杭州市城市数据大脑规划》来看，杭州城市大脑的设计逻辑是“技术＋数据＋治理”，并且以数据为中心建构面向决策的一体化治理界面。根据规划，城市数据大脑构成包括大脑平台（包括计算资源平台、数据资源平台、算法服务平台）、行业系统、超级应用（架构于大脑平台和行业系统之上的综合性应用）、区县中枢（支撑区县建设基于城市数据大脑的创新应用）等。从这一规划可以看出，一方面，城市大脑需要有坚实的技术基础，它需要借助人工智能的算法来实现智慧决策；另一方面，这些决策需要大量数据，这就需要对数据资源进行整合，让所有分散的数据聚合。与此同时，城市大脑需要借助技术和数据来解决现实场景中面临的各种问题，如堵车问题、医疗问题等，这就涉及治理问题。

当前，杭州市城市大脑应用的一个重要场景就是解决停车难问题：通过“便捷泊车・先离场后付费”系统，把杭州所有场库作为“一个停车场”，只要绑定车牌号即可享受便捷泊车服务，实现“一次绑定、全城通停”。这里的“一个停车场”就是一体化界面，这样停车人员就不需要与每一个具体停车场交互，只需要与停车场管理系统进行互动，随后不同停车场在系统内部进行资金分配。

上海的“一网统管”则是早期“网格化管理”的升级，它利用数字化转型来建构面向决策的一体化治理界面。上海市成立了城市运行管理中心，承担全市城市运行管理和应急处置系统规划建设和运行维护、城市运行状态监测分析和预警预判、应急事件联动处置等职责。当前，上海市的“一网统管”正在建设中。2020 年 4 月上海审议通过《上海市城市运行“一网统管”建设三年行动计划》，其核心思路是把事关城市运行的各类数据、系统集成到“一网统管”上来，实现数据汇集、系统整合和功能融合，促进问题解决。由此可见，“一网统管”就是建构面向决策的针对城市运行的一体化治理界面，来解决大城市治理中的难题和问题。

与面向公众的一体化治理界面相比，面向决策的一体化治理界面主要是通过数字和技术赋能决策者，让决策者能够通过数据驱动和人工智能及时解决城市运行和治理中面临的困境和难题，提升大城市治理智能化水平。面向决策就需要问题导向，从解决城市治理中一个个难题出发，通过对不同部门数据聚集，既可以形成基于全新数据的高效决策，也可以通过数据来推动不同政府部门合作解决问题。从这个视角看，面向公众的一体化治理界面和面向决策的一体化治理界面是城市治理数字化转型的“一体两翼”，通过数据和技术赋能城市治理，让城市治理更聪明、更智慧。这也是我们接下来要讨论的问题，一体化治理界面建构得以实现的内在基础和逻辑。

五、一体化治理界面建构的基础：服务化、情感化、数据化与智能化[①]

无论是面向公众的一体化治理界面建构，还是面向决策的一体化治理界面建构，都离不开技术、数据和治理三个方面的支撑，其背后是治理的服务化、情感化、数据化和智能化。很显然，新一代信息技术发展使得大数据生成、传递和存储更便捷，人工智能技术的推进使得大数据处理更加智能化，这些为一体化治理界面产生提供了可能性。简而言之，一体化治理界面依据技术和数据逻辑，将技术和数据应用于治理场景中，使得破解城市复杂难题成为可能。当然，技术和数据本身并不能够转化为治理效能，还需要治理理念变革，只有治理理念变革才能够包容技术创新，让技术创新与治理更好地融为一体，从而促进问题解决。

服务化是一体化治理界面建构的价值基础。只有拥有服务的理念，城市管理者才会推动用一体化治理界面满足民众多样性需求，这也是中国建设服务型政府的内在要求[②]。事实上，在信息技术还不发达、很多事项还不能通过网上办理时，中国政府为了提升服务能力和水平，就开始探索建立政务服务中心或行政审批局来为公民和企业提供“一站式”服务，实现“只进一扇门”的改革目标。应该说，新一代信息技术的发展为服务升级提供了可能性，使得除了

① 感谢复旦大学国际关系与公共事务学院唐亚林教授有关情感化作为一体化界面建构的基础的建议，这使得整个论证更加丰富。

② 刘熙瑞．服务型政府：经济全球化背景下中国政府改革的目标选择．中国行政管理，2002 (7).

“只进一扇门”外，还可以“一网通办”，真正实现线上和线下协同办理和无缝对接。无论是早期的政务中心建设，还是现在推行的在线政务服务，服务型政府是一以贯之的核心理念，也是理解整个改革的基本线索。因此，一体化治理界面建构的背后是治理理念变革，即从以政府为本向以人民为中心转变，强调以“整体政府”满足公众的多样性需求。

情感化是一体化治理界面建构的认知基础，它强调对城市中人的需求、价值和态度的关注，也是将城市理解为一个生命体的内在原因。与服务型政府的价值理念相比，情感化则更关注微观个体的感受、认知和偏好。这既涉及对城市中每一个个体的关注，也要求提供服务的公务员有情感意识：工作不仅是一个规范化程序，还是一个人与人之间沟通与互动的过程，要体现出对人的关爱。正是因为有情感化的诉求，一体化治理界面建构非常重视公众对于服务获取的体验、感受和评价，基于公众的服务体验建立了好差评制度，还从公众的感知出发设计了更为友好的交互界面。情感化会使得一体化治理界面建构更有温度，当前越来越多城市治理者将情感理念引用于城市运行中，强调对城市运行的感知、诊断和问题解决，把城市作为生命体和有机体，注重城市中人民的幸福感和城市本身的健康。

数据化是一体化治理界面建构的信息基础，它强调通过各种途径全面获得城市的不同数据，通过对数据的分析与处理，形成智慧服务和决策，用于城市服务提供和问题解决。证据导向的治理科学一直是城市治理的一个重要传统，它强调将科学思维和方法引入城市治理中，提升城市治理科学化水平。当前，随着新一代信息技术发展，数据的感知、存储和分析更为便捷，尤其是实时大数据的生成和大数据方法的应用，使得数据驱动的城市治理成为可能。很显然，没有数据支撑，无论是为公众提供一体化的政务服务，还是促进城市问题的系统性解决，都将难以实现。因此，在一体化治理界面建构中，数据治理成为一个重要内容，数据成为整个系统运行的关键。不同地方城市在进行治理界面重构的过程中，都把数据治理作为一个重要内容，强调对数据标准、数据集成、数据分享、数据安全等进行设计，这为城市治理数字化转型奠定了基础。

智能化是一体化治理界面建构的算法基础，它强调利用人工智能来促使城市治理更加聪明和智慧，能够形成智慧的预警、应对和处理，真正实现城市让生活更美好。人工智能的核心是机器和人可以共享智慧，二者在智慧方面没有本质差异，是实现智慧的不同载体。随着人工智能技术的快速发展，尤其是人工智能在图形识别、自然语言处理、大数据分析、专家决策系统等方面的发展，城市治理的决策者可以基于大数据，利用人工智能技术来进行辅助决策。在某些情况下，人工智能甚至可以替代人类决策，在城市治理中获得更多本体论意义上的主体地位。目前看，城市治理数字化转型与一个地区的人工智能发展水平是分不开的，只有具备坚实的技术基础，才能够发展用于政务服务和问题解决的智慧化城市治理。

六、结论

新一代信息技术正在对人类社会产生广泛而深远的影响，一种新的社会形态和秩序正在形成。城市既是孕育新技术的场所，其自身治理也面临着技术挑战。在此背景下，城市治理的数字化转型成为一种趋势，北京、上海、深圳、杭州等城市纷纷探索通过技术赋能来提升城市治理效能，以更好地为市民提供政务服务和公共服务，解决城市治理中的难题。

面对多样性的城市治理数字化转型实践，一个理论问题是：这些实践是否可以用统一的框架来理解？与之相关的政策问题则是：未来推进城市治理数字化转型的方向和路径是什么？针对这些理论问题和实践问题，我们试图将技术治理、数字治理和智能治理的概念进行融合，并与城市场景相联系，认为城市治理数字化转型的目标是双层嵌套治理界面的建构。双层嵌套治理界面的核心在于，围绕着公民和政府这两个关键主体，分别建立面向公众和面向决策的治理界面体系，来对现有的层级、部门和领域进行整合，实现一体化的供给与需求平衡，最终以高质量的政务服务和公共服务来满足市民需求，以高效率和高精准的问题解决来提升城市治理的运行水平。一体化的治理界面建构之所以可能，离不开治理理念与价值、认知和情感、数据和算法等方面的变革与发展。让城市治理更智慧，让市民生活更美好，是城市治理数字化转型的终极目标。

城市治理数字化转型刚刚开始，我们既需要不同城市结合自身情景进行探索，也需要理论研究者的关注和知识累积。通过双层嵌套治理界面的建构，既可以加深我们对不同城市治理实践的理解，又可以为未来进一步变革提供指引。

第十二章
超大城市的数字治理Ⅱ

随着人工智能、大数据、区块链等新一代数字技术快速发展，人类正在从工业社会和信息社会向数字社会转型，数字技术对个人、组织、产业、城市、政府和社会产生广泛而深远的影响，数字空间和物理空间并行不悖，数字化生存成为一种新现象①。从人类社会的数字化转型路径看，大体上会经历三个阶段，即数字技术的突破和崛起、数字技术对组织和社会的影响以及数字技术对政府治理的变革。这一数字化转型并非线性的，不同阶段之间也会存在交替和相互影响。当前，数字化转型正在进入第三阶段，以数字政府和智慧城市建设为代表，开启系统性、整体性和全方位的数字转型②。

在城市治理的数字化转型中，北京、上海、深圳、杭州等城市，在城市大脑、数字政府、智慧城市等话语叙事之下，开启了中国特色的超大城市治理数字化转型。中国超大城市治理数字化转型不仅在改善民生、缓解“大城市病”、提升服务效率、优化营商环境中发挥重要作用，而且还在疫情防控中起到关键作用，健康码是数字治疫的典型代表③。超大城市治理的数字化转型，不仅有利于推进城市治理体系和治理能力现代化，提升城市治理绩效和生活品质，还有可能进一步促进数字技术发展和推动组织与社会数字化转型。

与超大城市治理数字化转型的多样性实践相比，理论研究还处于相对滞后状态。我们缺少一个针对超大城市治理数字化转型的整体性框架来理解现实、

① 米加宁，章昌平，李大宇，等．“数字空间”政府及其研究纲领：第四次工业革命引致的政府形态变革．公共管理学报，2020（1）；Vial G. Understanding digital transformation：a review and a research agenda. The journal of strategic information systems，2019，28（2）．

② 戴长征，鲍静．数字政府治理：基于社会形态演变进程的考察．中国行政管理，2017（9）．

③ 李月，曹海军．省级政府数字治理影响因素与实施路径：基于30省健康码应用的定性比较分析. 电子政务，2020（10）．

诊断问题、提出改进建议。为此，本章试图从数字界面治理的视角出发，提出一个超大城市治理数字化转型的分析框架，并重点讨论城市大脑与智能城市治理的设计原理。本章按照如下安排依次展开：首先，对国内城市大脑和智慧城市建设实践进行分析，提出城市大脑与智能城市治理的设计原理这一研究议题；其次，在数字化转型背景下，提出诊断城市大脑和智能城市治理的数字界面治理分析框架；再次，系统阐述城市大脑实现智能城市治理的八大设计原理，即可能性原理、交互性原理、形态性原理、结构性原理、路径性原理、协同性原理、演化性原理和评价性原理；最后，对超大城市治理数字化转型的未来进行展望。

一、问题的提出

超大城市治理数字化转型起源于 20 世纪 80 年代初的“经济管理信息化”，成长于 2002 年的国家“电子政务”建设规划，成熟于 2012 年的“信息惠民”和“新型智慧城市”建设①。这意味着，中国电子政务和数字政府建设至少经历了上半场和下半场，上半场以自上而下的顶层设计和条条建设为主，下半场以自下而上的政策试点和块块建设为主。

探索电子政务的框架结构，形成有中国特色的电子政务的“四梁八柱”，是中国电子政务和数字政府建设上半场的主要内容。2002 年中共中央办公厅、国务院办公厅转发《国家信息化领导小组关于我国电子政务建设指导意见》，提出了建设和整合统一的电子政务网络、建设和完善 12 个重点业务系统［继续完善已取得初步成效的办公业务资源系统、金关、金税和金融监管（含金卡）4 个工程，促进业务协同、资源整合；启动和加快建设宏观经济管理、金财、金盾、金审、社会保障、金农、金质、金水等 8 个业务系统工程建设］、规划和开发 4 个重要政务信息资源（启动人口基础信息库、法人单位基础信息库、自然资源和空间地理基础信息库、宏观经济数据库的建设）、积极推进公共服务等任务。这些基本上完成了以条条建设为主的自上而下的顶层设计。

2012 年的“新型智慧城市”建设则开启了以自下而上的政策试点和块块建设为主的下半场电子政务和数字政府建设实践，其核心是将电子政务和数字政

① 黄璜．中国“数字政府”的政策演变：兼论“数字政府”与“电子政务”的关系．行政论坛，2020，27（3）.

府与地方政府场景相结合，尤其是与城市场景相结合，这也使得电子政务和数字政府建设逐步从政府自身的数字化向城市公共服务、市场监管和城市管理等全方位数字化转型①。智慧城市的概念最初由 IBM（国际商业机器公司）于 2008 年提出，强调感知化、互联化和智能化，随后在全球范围内得到推广②。自住房城乡建设部于 2012 年开展智慧城市试点，以及 2014 年国家发展改革委等八部委发布《关于促进智慧城市健康发展的指导意见》以来，中国智慧城市建设开始进入快车道，城市成为电子政务和数字政府建设的主要场域。对于智慧城市的定义，《关于促进智慧城市健康发展的指导意见》指出："智慧城市是运用物联网、云计算、大数据、空间地理信息集成等新一代信息技术，促进城市规划、建设、管理和服务智慧化的新理念和新模式。"从这一定义可以看出，智慧城市的核心是技术与城市治理业务的有机融合，重点是技术、业务和数据三者的整合③。

应该说，2016 年以前，智慧城市建设主要是强调信息技术与不同城市治理场景相结合，例如信息技术与交通、城市管理、公共服务等场景结合形成了智慧交通、智慧社区、智慧医院、智慧监管、智慧教育等智慧城市形态。尽管中央政府强调要加强智慧城市的顶层设计，提出了智慧城市建设的目标和原则，但是对于如何实现整个城市的智慧化，仍然没有找到合适的路径。这意味着，2016 年以前的智慧城市建设还处于探索阶段，缺乏智慧城市的系统性解决方案。从 2016 年开始，浙江杭州的城市大脑建设开启了智慧城市建设的新范式，中国智慧城市从 1.0 阶段进入 2.0 阶段，智慧城市的"智慧性"开始真正凸显。一方面，这一阶段的智慧城市建设开始探索智慧城市中枢系统建设模式，通过中枢系统来整合不同系统，实现智慧城市建设最初"系统的系统"的建设目标，城市大脑是这一模式的典型代表④。另一方面，这一阶段的智慧城市建设也与超大城市治理的数字化转型联系在一起，上海、北京、深圳等地开展了多样性的实践探索。城市大脑、数字化转型、数字政府、智能治理、整体智治、一网通办、一网统管等成为描述智慧城市和城市治理数字化转型的新词汇。

纷繁的实践和复杂的话语体系正在形成超大城市治理数字化转型的"巴别

---

① 黄璜，袁嘉炜．智慧城市的政策分析：过程、信念与政策设计．电子政务，2014（1）.
② 李重照，刘淑华．智慧城市：中国城市治理的新趋向．电子政务，2011（6）.
③ 李文钊．双层嵌套治理界面建构：城市治理数字化转型的方向与路径．电子政务，2020（7）.
④ 张建锋．数字政府 2.0：数据智能助力治理现代化．北京：中信出版社，2019.

塔”，实践者和研究者置身其中，容易迷失方向和丢失本体。正如《老子》所言：“五色令人目盲，五音令人耳聋”。要改变这种状况，就需要学者勇于探索更为普遍的分析框架，以包容多样化的实践，从中探寻潜在的规律和原理，以统一分析框架和原理为基础，进一步实现回溯性分析、解释性分析和前瞻性分析的有机结合。一旦城市大脑和智能城市治理的设计原理得以发现，我们就可以理解不同智慧城市建设和城市治理数字化转型背后所包含的共同认知、理解和逻辑。这将促进不同改革实践之间的分享、学习与借鉴，有助于诊断智慧城市建设和城市治理数字化转型存在的问题，提出改进智慧城市建设和城市治理数字化转型的方向和路径，推动知识的积累和发展，在理论与实践的统一中增进人类福祉。接下来，我们将从数字界面治理理论的视角出发，结合城市大脑实践，探寻超大城市治理数字化转型的设计原理。

二、数字界面治理理论

要探究城市大脑和智能城市治理的设计原理，就需要有全新的理论视角。对于智慧城市，此前研究者从愿景与架构、政策工具、政策分析、评价指标等角度进行了讨论，更多地关注智慧城市的技术层面和要素层面，缺乏针对系统层面和治理层面的深入讨论①。当然，理论层面的缺乏也与实践发展和技术进步不足有关。很显然，在智慧城市实践没有取得突破性进展的情况下，很难产生成熟的理论模型。

当前，以城市大脑为载体的智慧城市建设正在日益走向成熟，这为理论发展提供了土壤。2016 年，浙江省杭州市采用政府与企业合作的新机制，以城市大脑为中枢推动智慧城市建设，从治堵、治城到抗疫，实现了智慧城市建设由自下而上的分散式、集合式模式向自上而下的系统式、集成式模式的转变，为智慧城市建设贡献了新范式。杭州城市大脑已经进化到城市大脑中枢系统 3.0 时代。从 2018 年的《杭州市城市数据大脑规划》到 2020 年 11 月浙江省批准出台的《杭州城市大脑赋能城市治理促进条例》，杭州市城市大脑已经从实践上升到法治，完成了城市大脑的实践探索、整体规划和立法保障。对于“城市大脑”的定义，《杭州城市大脑赋能城市治理促进条例》第三条进行了明确规定：“本条例所称城市大脑，是指由中枢、系统与平台、数字驾驶舱和应用场景等

① 许庆瑞，吴志岩，陈力田．智慧城市的愿景与架构．管理工程学报，2012，26（4）.

要素组成，以数据、算力、算法等为基础和支撑，运用大数据、云计算、区块链等新技术，推动全面、全程、全域实现城市治理体系和治理能力现代化的数字系统和现代城市基础设施。”由此可见，杭州对“城市大脑”的定义基本上与智慧城市、城市治理数字化转型具有相同的内涵。2020年底，上海市发布《关于全面推进上海城市数字化转型的意见》，提出“经济、生活和治理”全面数字化转型，从这一表述可以看出城市治理数字化转型是城市数字化转型的一个重要方面。此外，北京、深圳等分别针对智慧城市建设出台新的规划，为探索下一代智慧城市提供了整体设计和系统谋划。为便于研究，本章将重点讨论城市大脑、数字化转型和智能城市治理三者之间的关系。城市大脑既代表了智慧城市建设的新方向，也是城市治理数字化转型的重要手段，而智能城市治理则是城市大脑和城市治理数字化转型的方向和目标。

新的智慧城市建设和超大城市治理数字化转型需要新的治理理论。为此，我们基于文森特·奥斯特罗姆的技艺与人工品理论、西蒙的人工科学理论、数字化转型理论和界面治理理论，提出一个分析智慧城市的数字界面治理理论，探讨城市大脑和智能城市治理的设计原理。文森特·奥斯特罗姆在《技艺与人工品》一文中指出，人类社会不同于自然社会的最基本特征是任何“人工品”都包含着人类的技艺，人类要理解人工品，需要从设计者设计物品的目的出发[①]。这一思想使得行政和治理作为一种人工品，不能够完全按照自然科学逻辑来理解，需要厘清背后的目标和价值。更为重要的是，人类既是行政和治理的设计者，又是行政和治理的要素，这种双重关系给行政和治理带来了挑战。根据奥斯特罗姆的思想，城市大脑作为一种人工品，需要从设计这一物品的视角来理解其自身运行。西蒙的人工科学理论则提出了一类不同于自然科学的人工科学体系，它由一系列研究人工物的科学组成，复杂性是理解人类社会的重要视角。界面是人工科学的核心概念。基于这一概念，我们提出了整合人工科学和治理理论的界面治理理论，强调治理是创造界面以适应环境、实现功能的过程。此外，西蒙对复杂系统的可分解性和层次性特征的研究，也为理解作为复杂系统的城市大脑提供了理论基础。

基于数字化转型和界面治理理论，我们试图提出数字界面治理理论来理解城市大脑与智能城市治理的运行逻辑和原理。该理论也是界面治理理论在数字化转型时代的具体应用和发展（见图12-1）。从图12-1可以看出，用数字界

---

① Ostrom V. Artisanship and artifact. Public administration review，1980，40（4）.

面治理理论分析城市大脑，最核心的是城市大脑创造了一种新的界面，这种界面的生成机制是数字化技术，因此数字界面构成了城市大脑不同于其他人工物的最基本特征。传统上，界面以组织、空间、协议、网络等形态呈现，数字化时代使得数字界面成为可能，它是一种不同于传统界面的新型界面。如同界面治理包括界面、环境、内部结构和功能四个要素一样，城市大脑也包含数字界面（要素 1）、外部环境（要素 2）、内部结构（要素 3）和功能（要素 4）四个要素。

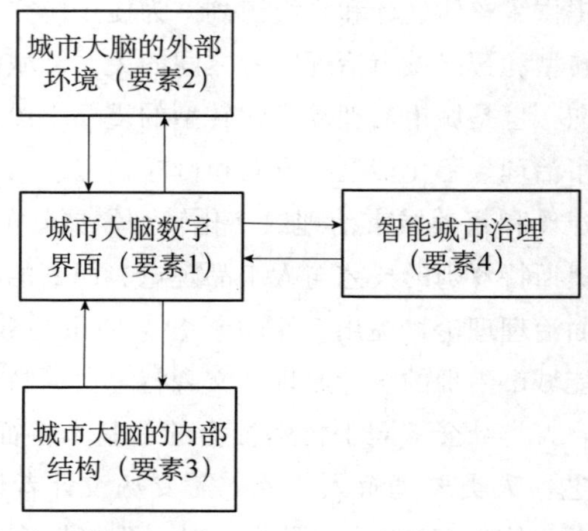

图 12－1　城市大脑与智能城市治理的分析框架

与其他人工物相比，作为人工物的城市大脑在界面、内部结构和功能三方面都有差异。城市大脑的数字界面既是一种集成界面，也是一种包含多层次界面的嵌套界面体系，这使得数字界面具有弹性和适应性，能够根据环境和功能进行动态调整，事实上这也是由数字化本身的特征决定的。与其他人工物相比，城市大脑要实现“智能性”和“智慧化”功能，这是一种更高层次的目标和功能要求。并且，这种“智能性”和“智慧化”并非针对单一物体，而是针对整个系统，属于系统层面的智能和智慧。与此同时，城市大脑的内部结构十分复杂，它需要对跨层次、跨部门、跨系统的业务、数据和治理进行协同，这对内部结构的设计提出了较高的要求。

从数字界面治理理论看，城市大脑发挥作用的基本假设是其数字界面能有效支持智能城市治理，即城市大脑数字界面和智能城市治理之间存在因果关系。而要让这一假设成立，既需要城市大脑的数字界面能够适应环境，又需要城市大脑的内部结构发挥支撑作用。我们可以借鉴埃莉诺·奥斯特罗姆提出的公共池塘资源自主治理“设计原则”[①]，讨论城市大脑与智能城市治理的设计原理。基于数字界面治理理论的框架结构，我们可以总结提出城市大脑与智能城市治理的八大设计原理，即可能性原理、交互性原理、形态性原理、结构性原理、路径性原理、协同性原理、演化性原理和评价性原理。可能性原理和形态性原理主要针对要素 1，交互性原理主要讨论要素 1 和要素 2 之间关系，结构性原理主要针对要素 3，路径性原理主要讨论要素 1 和要素 4 之间关系，协同性原理和演化性原理是对所有要素的讨论，而评价性原理则针对要素 4。接下来，我们将分别对每一个设计原理进行具体阐述。

三、可能性原理：城市大脑是智能体吗？

智慧城市的概念提出时，一个重要的命题需要讨论，这就是城市是否能够具有智慧的特征。从人类到城市，这是一个很大的猜想和假设。因此，智慧城市建设首先需要回答城市大脑是否具备智慧的本体，进而能够实现智能城市治理。很显然，在人工智能没有出现时，智慧的主要载体是人类，人类是唯一具备智慧的高级物种。有关智慧的学问构成了最高的学问，哲学通常也被认为是智慧的学问。人类具备智慧，但仍然可能犯错误，因此，人类需要在实践中不断提升智慧水平。人的有限理性构成了智慧的最大挑战，而如何适应有限理性和避免犯错误，如何克服激情对决策的影响，如何从经验中提升认知和决策水平，成为人类进行学习、思考、反思和提升的核心动力。从这个意义上看，人类所有学科和知识的发展，都是为了提升人类的认知和智慧水平。这也意味着，即便是由个人组成的组织或者群体，也不一定具备智慧特性，智慧具有很强的主体性和独特性。当然，这并不妨碍人们将人类的智慧进行“拟人化”，将超越个体的组织、群体、集体或共同体进行“智慧隐喻”，例如，学者在讨论组织智慧（organizational intelligence）时，通常会强调组织学习、组织习惯、组织文化等因素对于提升组织适应性的作用[②]。

人工智能的提出和出现，既改变了关于人类作为唯一智慧体的认知，也改变了人类对智慧本身的理解和洞察。在人工智能早期，研究者关注的一个重点

---

① Ostrom E. Understanding institutional diversity. Princeton，NJ：Princeton University Press，2005.

② March J G. The pursuit of organizational intelligence：decisions and learning in organizations. Malden Mass.：Blackwell，1999.

是论证人工智能和人类具有同样的智慧，如纽厄尔和西蒙提出了物理符号系统假设（physical symbol system hypothesis，PSS）[①]。物理符号系统具备实现一般智能行为的必要和充分条件，这为智能本体提供了理论假设。当前，除物理符号系统假设之外，人工智能领域还发展了行为主义和联结主义等理论。西蒙在其回顾人工智能发展的论文中对人工智能给出了一个定义，他认为："人工智能涉及与计算机有关的现象，因此是计算机科学的一部分。与此同时，它也是心理学和认知科学的一部分，它主要研究计算机在执行一些任务时出现的现象，这些任务如果由人来执行通常被认为是需要智能思考的。"[②] 对于人工智能的目标，西蒙进一步指出，人工智能主要有三个目标：第一个目标是建构计算机程序（如逻辑理论家程序）来展示智能，进而建立智能系统理论；第二个目标是建构程序（如通用问题解决程序），通过使用与人类执行相同任务所用程序类似的流程来展示智能；第三个目标是建构智能程序（如装配线平衡计划）来补充或辅助人类智能完成某些工作[③]。由此可见，人工智能的基础主要是建立系统展示智能，要么仅仅是能够探索智能的本质和本体，要么是建构人类智能的理论，要么是建构一些需要智慧才能够完成人类任务的系统。国内学者提出的"类脑计算完备性"（neuromorphic completeness）的概念，旨在回答系统能够完成什么任务以及其功能边界在哪里等问题，这是对人工智能认识的进一步发展[④]。

根据西蒙对人工智能研究目标的定义，城市大脑系统属于第三类目标，即通过建构智能程序来补充、增强甚至替代人类智能。这意味着，城市大脑一方面需要对城市治理进行补充，以发挥其在城市治理中的"辅助决策"作用，另一方面在条件和时机成熟的情况下可以代替人类进行决策从而实现智能城市治理。当然，在很多情景之下，智能城市治理是一种人脑和城市大脑相互作用、分工和协同发展的过程。简而言之，人类既可以通过城市大脑提升自身的感知能力、信息处理能力和决策能力，这是城市大脑对人类的赋能，又可以赋予城市大脑一些决策任务，让其与人类并行工作。而更多的时候，人脑和城市大脑协同合作，共同提升城市治理的整体智慧水平。

---

① Newell A，Simon H A. Computer science as empirical inquiry：symbols and search. Communications of the ACM，1976，19 (3).

② Simon H A. Artificial intelligence：an empirical science. Artificial intelligence，1995，77 (1).

③ 同②.

④ Zhang Y，Qu P，Ji Y，et al. A system hierarchy for brain-inspired computing. Nature，2020 (586).

应该说，此前人类在提出智慧城市建设概念时，主要是表达一种愿景和目标，还没有找到系统性实践路径。随着城市作为有机体、生命体的理念以及城市大脑概念的提出，人们真正找到了智慧城市的实现路径。因此，我们认为城市大脑系统建设和智能城市治理的本质是人工智能在城市治理领域的拓展，最重要的是创造了一个具备人脑智慧的“城市大脑”，于是形成了我们所提出的可能性原理，即城市大脑是智能体，具备实现智能的可能性和完备性。从这一设计原理出发，智慧城市建设的重点仍然是提升城市大脑的智能性，让城市大脑能够应对和处理复杂的城市治理任务和难题。城市大脑这一概念既是对智慧城市的“隐喻”，又是构建智慧城市本体论基础的尝试，为未来智慧城市建设和运行指明了方向。

四、交互性原理：城市大脑如何与环境进行信息交换?

西蒙在将人工智能作为一门科学提出时，明确指出人工智能受到外部环境的约束，这使得人工智能必须遵循自然法则。对此，西蒙将自然法则所形成的外部约束（external constraints）划分为初始条件和边界条件两个要素，他指出：“系统只有在自然法则界定的条件下才能够存在，并且只有在合适的环境中才能够生存和有效运行。这些初始和边界条件构成了系统的外部约束。”① 同样，城市大脑作为一种人工智能系统，也会受到外部环境约束，它需要适应外部环境才能够发挥功能。由于不同地区所面临的城市治理任务和重点不同，因此城市大脑建设的重点和方向也应有所不同。例如，安徽铜陵在推进城市大脑建设中，主要是与其工业特点相结合推出“工业大脑”，而杭州的城市大脑则主要关注城市治理、民生等问题。事实上，即便在同一个城市内部，不同地区和不同部门对城市大脑也可能存在不同需求，这要求城市大脑能够适应不同的层级、任务和领域，以满足人类多样性治理需求。正是在这个意义上，数字界面治理理论认为，城市大脑的第二个设计原理涉及城市大脑的数字界面如何与环境进行有效交互，交互性好的系统才能更有智慧。交互性原理强调城市大脑与环境的有效互动，这也符合互动治理的逻辑和思想，代表了治理研究的新方向②。

---

① Simon H A. Artificial intelligence：an empirical science. Artificial intelligence，1995，77（1）.

② Torfing J，Peters B G，Pierre J，et al. Interactive governance：advancing the paradigm. Oxford：Oxford University Press，2012.

交互性原理首先需要针对环境开发数字界面，使得城市大脑能够适应环境。从这个意义上看，外部环境构成了城市大脑的约束条件，而开发的系统越是具有可延伸性和可扩展性，系统的智能性越强。可延伸性强调城市大脑能够适应从简单问题到棘手难题的挑战，这样城市大脑本身的灵敏性会越强。可扩展性则强调城市大脑能够同时完成很多复杂任务，属于“通用性人工智能”而不仅仅是“专门性人工智能”。越是具备通用性，系统对环境的适应能力越强。从城市大脑的建设和规划看，城市大脑早期建设主要是针对专门性城市治理任务展开，如杭州的“治堵”、北京海淀的“渣土车”治理。随后，城市大脑能够处理的治理任务在难度和多样性上都有很大扩展，目前正在发展成为城市治理的一站式、系统式解决方案，这大大扩展了城市大脑的一般性和通用性。例如，杭州的城市大脑实现了从“治堵”向“治城”的转变，上海的“一网统管”建立了城市运行的总平台。当然，城市大脑的专业性与通用性之间也存在平衡和取舍问题，未来的城市大脑需要针对环境自发生成与其任务难度相匹配的界面，从而真正实现城市大脑的自适应性。

交互性原理更加重视和强调城市大脑与环境之间信息的交换。城市大脑要及时感知来自环境的信息，利用这些信息进行智慧决策。正是在这个意义上，西蒙早期将人工智能的研究称为复杂信息处理（complex information processing）。后来很多学者在此基础上发展了信息政治和政策理论，如间断—均衡理论和政府信息处理理论等①。随着信息在治理中的重要性的凸显，信息治理学正在成为超大城市治理变革的重要理论基础。从这个意义上看，城市大脑也可以看作信息治理学的重要分支，并且是信息治理学中级别最高的一个分支，它通过信息的智能化处理和基于信息的科学决策，实现智能城市治理。为此，城市大脑需要接收和感知来自环境的信息，获取尽可能多的数据，以便及时发现问题并寻找解决问题的方案。因此，城市大脑的发展要与超大城市治理的数字化转型同步推进，通过建立数字空间与物理空间并行的“孪生数字城市”，实现物理世界的城市与数字世界的城市协同运行。这也要求在传统网格化管理的基础上，进一步推进物联网建设，让所有的信息能够第一时间被收集、存储、传输、处理，并用于辅助决策。例如，上海在推进以“一网通办”和“一网统管”为代表的城市大脑建设时，就非常注意城市的全面数字化转型，这为城市大脑获取信息提供了便利性。城市大脑在从环境中获取信息的同时，也

---

① Baumgartner F R，Jones B D. The politics of information：problem definition and the course of public policy in America. Chicago：University of Chicago Press，2015.

可以为环境反馈信息，促进行动者自我调整和协调互动，形成哈耶克所描述的自发秩序[①]。

五、形态性原理：城市大脑是以什么界面呈现？

在西蒙最初的研究中，界面等同于人工物，他指出：“人工物可以被想象成为一个汇合点，一个界面，这一界面处于内部环境和外部环境之间，内部环境就是人工物的实质和组织模式，外部环境就是人工物运行的环境。”[②] 从这一定义可以看出，城市大脑的界面是城市大脑的内部环境与外部环境的交汇处，本质上是一个内部环境与外部环境进行互动的接触点。传统的人工物界面以物质形态呈现，如空调的界面是出风口，空调通过内部的制冷或制热设备与环境交互，从而实现人类设计空调的目的。组织作为一种人工物，其界面则不同于物质界面。组织通过制度生成，其界面以制度性事实形态呈现，并且以其在社会中扮演的角色和法人身份作为界面实现与环境互动[③]。因此，组织、行政、治理等人类社会基础设施，作为人类的不同创造物，会以不同界面呈现，并最终实现内部结构、外部环境与功能的协同与平衡。如果我们扩展西蒙的人工科学理论，将界面本身看作是可变的，就可以从给定界面之下的问题分析过渡到界面变迁下的问题分析，界面重构和变迁成为研究焦点，并且可以将界面与界面之间的关系纳入分析，实现复杂系统概念与界面概念的统一。正是在人工物的背景下理解界面及其变迁，才使得界面范式成为分析人工科学的一个统一范式。

与其他人工物相比，城市大脑的界面以数字化形式生成，可以称之为“数字界面”。城市大脑以多样化的数字界面呈现是城市大脑的第三个设计原理，这也是城市大脑发挥作用的基石。与物质界面和制度界面相比，数字界面以数字化技术为基础，依托计算机、互联网、人工智能、物联网等新一代信息技术，创造一种虚拟现实的新型界面。这种数字界面是虚拟的，它是对现实的数字化呈现或者仿真方式呈现；它又是现实的，数字本身作为一种符号与物理世界相联系，这或许是“数字孪生城市”的真实含义。数字化的泛在性、扩展性和便利性使得数字界面的生成成本降低，它既可以呈现物理世界和现实世界，又可以改变物理世界和现实世界，其本身也会作为一个独立的数字空间世界存

① Hayek F A. The constitution of liberty：the definitive edition. New York：Routledge，2011.
② Simon H A. The sciences of the artificial. Cambridge，Massachusetts：MIT Press，1996.
③ Searle J R. What is an institution？. Journal of institutional economics，2005，1（1）.

在。考虑到数字界面只是一种数字实在（digital reality），它最终需要与社会实在（social reality）相结合才能有意义，因此，数字实在与社会实在相结合是一个相互赋能和相互促进的过程①。正是因为数字实在需要依托社会实在才有价值，所以数字界面需要与传统界面相结合。这一结合过程既是传统界面进行数字化转型的过程，也是数字化界面影响社会的过程。数字界面与传统界面的结合可以采取多种组织模式，既可以对传统组织进行改造，赋予其运营和管理新数字界面的功能，又可以建立新的组织来赋予数字界面新职能，甚至还可以通过建立平台型组织来负责数字界面运营，从而为不同传统界面赋能。这些不同结合模式在本质上涉及城市大脑本身的治理和运行过程。

作为城市大脑重要发源地的杭州，对城市大脑从数字系统的角度进行了界定，指出城市大脑"由中枢、系统与平台、数字驾驶舱和应用场景等要素组成"。从这一定义可以看出，作为复杂系统的城市大脑，其界面也会以多样化形态呈现，但是仍然会遵循复杂系统两个特征，即层次性和可分解性。层次性强调城市大脑的数字界面会呈现不同层次，这些不同层次与行政和治理层级进行匹配，例如，当前不同地方针对不同层级行政系统分别建立各自的城市大脑。可分解性使得城市大脑可以在不同领域和不同问题中分别建立，实践中通常用"应用场景"来描述，不同应用场景本身就是可分解性的体现。可分解性除了可以按照领域划分之外，还可以按照服务对象划分，例如面向决策者和公众的数字化界面就是按照对象进行分类的。而当层次性和可分解性相结合时，城市大脑可以以更为复杂的多场景、多层级、跨部门、跨领域的嵌套数字界面体系呈现。因此，对于城市大脑而言，如何针对新的场景、新的对象、新的层级、新的领域、新的议题等创立新的数字界面，构成了城市大脑智能性的核心议题。当前，北京市海淀区正在城市大脑的数字界面上进行探索，尝试构建海淀区"时空一张图"，这是一个以空间为基础的底层数字界面，可以为城市大脑仿真推演、发展预测、决策分析等提供时空数据支撑。

六、结构性原理：城市大脑内部运行逻辑是什么？

西蒙在将人工智能作为一门科学提出时，还提出内部结构是重要的约束因

① 数字实在是一种不同于自然实在和社会实在的新形态，它可以构成哲学意义上的新本体。自然实在是传统哲学本体论讨论的话题，社会实在是哲学家塞尔提出的新观点。我们这里提出一种不同于自然实在和社会实在的数字实在，与数字化转型的事实进行匹配。

素，它与外部环境约束构成了对称关系，也是数字界面治理理论的重要组成部分。他指出："自然法则会决定一个物体的结构和行为，这一物体既可以是客观物体，也可以是人工物，这些自然法则构成了物体的内部约束（internal constraints）。人工系统像其他物品一样会产生经验现象，并且可以使用所有科学通用的观察和实验进行研究。"[①] 如果没有内部结构和行为约束，人类的很多理想和目标就都可以轻易实现。现实中，由于外部约束和内部约束，很多试图改善人类福祉的项目和政策不一定真正成功[②]。也正是从内部约束和外部约束出发，西蒙提出和证明了人类理性的有限性。一方面，由于人类自身的认知、计算和信息处理能力存在局限，在问题发现、方案搜索、方案抉择等方面，人们无法完全按照理性逻辑进行决策，而是根据有限理性行为模型进行满意决策[③]。同样，面对环境的约束，人类也不可能对所有环境信息进行收集和认知，而只能对环境的部分信息进行处理，这构成了人类有限理性的外部约束[④]。人类理性有限性进一步构成了组织和制度的内部约束，这意味着人的局限性会导致很多组织模式和制度运行的失败。

城市大脑的数字界面要发挥使用，实现超大城市的智能治理，就需要城市大脑的内部结构支撑。没有运行良好的内部结构，智能城市治理只能是空中楼阁。内部结构及其运行也构成了智慧城市"智能性"程度的内部约束。城市大脑的数字界面要发挥作用，就需要实现数字与治理的深度融合，这要求城市大脑的内部结构能够应对数字界面建构、数字界面与治理界面融合、数字治理界面生成等多重挑战，最终形成适应智能城市治理需求的数字界面治理体系。因此，在外部环境约束给定的情况下，城市大脑的内部结构及其运行效率会决定城市治理的智能化水平。此外，城市大脑的数字界面是以多层次、多领域、跨部门的嵌套数字界面体系呈现的，每一个数字界面都需要相应内部结构来支撑，内部结构也会以多样性方式展示，这也使得城市大脑的内部结构呈现复杂组织体系特征。很显然，对于复杂的数字界面，其内部结构也会更复杂。由此可见，城市大脑的内部结构及其运行逻辑，构成了智能城市治理需要考虑的第

① Simon H A. Artificial intelligence：an empirical science. Artificial intelligence，1995，77（1）.

② 斯科特．国家的视角：那些试图改善人类状况的项目是如何失败的．北京：社会科学文献出版社，2011.

③ Simon H A. A behavioral model of rational choice. The quarterly journal of economics，1955，69（1）.

④ Simon H A. Rational choice and the structure of the environment. Psychological review，1956，63（2）.

四个设计原理。

当前，在城市大脑的内部结构方面存在杭州模式和北京模式两种主要模式，这两种不同模式体现了智能城市治理的不同设计理念。杭州城市大脑的内部构成要素、结构和运行模式本身也在演化中，这也是内部结构对环境和功能的调适过程。2018 年，杭州市发布首个《杭州市城市数据大脑规划》，对城市大脑的内部结构进行了规定："城市数据大脑构成包括：大脑平台（包括计算资源平台、数据资源平台、算法服务平台）、行业系统、超级应用（架构于大脑平台和行业系统之上的综合性应用）、区县中枢（支撑区县建设基于城市数据大脑的创新应用）等。"而 2020 年出台的《杭州城市大脑赋能城市治理促进条例》，则对城市大脑的内部结构进行了调整，规定其由"中枢、系统与平台、数字驾驶舱和应用场景等要素组成"。这里提出了"中枢"的概念，强调"中枢是城市大脑赋能城市治理的核心系统。各系统与平台数据通过中枢协同机制互联互通，实现业务协同、数据协同、政企协同，提升城市运行协同能力"。从这一定义可以看出，这里的"中枢"可以等同于狭义的城市大脑，通过"中枢"建立一个广泛的互联互通的底层系统，在此系统之上，实现各"系统与平台"的连接，分别形成针对决策者的数字驾驶舱和针对公众的应用场景，这也是超大城市数字界面的"双层嵌套界面"。

与杭州城市大脑的内部结构相比，北京市海淀区城市大脑按照"1＋1＋2＋N"架构模式建设，即一张感知网、一个智能云平台、两个中心（大数据中心、AI 计算处理中心）、N 个创新应用。自 2018 年 8 月启动建设以来，感知网、AI 计算处理中心、大数据中心、时空一张图、海淀区区级城市运行指挥中心（IOCC）等基础设施建设已基本完成。尽管杭州模式和北京模式在构成要素和语言表达方面存在差异，但是其内部结构也存在一些共同要素，如都强调驾驶舱和应用场景，都非常重视大数据和人工智能的作用，都是探索如何让城市治理更智能。当然，两者之间也存在一定差别。由于海淀区是在区级层面建立城市大脑，这使得它更偏向"城市运行"，也更重视"感知网"建设，突出如何将整个城市运行数据以"时空一张图"的形式呈现。因此，在海淀区城市大脑建设中，政府视角、自上而下视角、问题解决视角更为突出。而杭州城市大脑是一个市级层面的复杂系统，这使得它能够更好地平衡政府视角和社会视角，更好地融合自上而下和自下而上的视角，同时处理好问题解决和服务提供之间的关系。对于城市大脑，杭州强调"中枢"的作用，海淀重视"云平台"。事实上，如何实现数据协同、业务协同和政府企业协同，都是上述两个城市大脑面临的共同挑战。

七、路径性原理：城市大脑如何实现智能城市治理?

西蒙在讨论人工智能时，明确指出人工智能主要通过发展和设计智能系统来实现。因此，设计智能系统成为人类建构人工智能、通过人工智能来仿真模拟人类智能以及设计专家系统辅助人类决策的主要路径。即便是最复杂的专家系统，也只是为人类决策提供参考，其本质上是辅助和支持人类决策。正是在这个意义上，人工智能与智能系统联系在一起，它需要借助计算机程序来实现智能，设计智能程序也成为人工智能的主要任务。然而，人工智能要真正对人类社会产生影响，还需要从决策转化为行为，这涉及一个涵盖信息、设计、决策、行为、效果的完整链条。

城市大脑代表了人工智能最复杂的问题解决系统，它要为城市治理提供整体性解决方案，通过人工智能来优化城市治理，提升城市治理水平。在我们为城市大脑设定了目标，厘清了其所面临的外部环境和内部约束，建构了数字界面后，此时面临的一个突出问题是城市大脑如何实现智能城市治理。这构成了城市大脑和智能城市治理的第五个设计原理，其核心是将数字界面治理的不同要素进行有机整合，从而实现城市大脑数字界面的预期目标。城市大脑的数字界面是一个整合性界面，它本质上是数字界面和治理界面的融合，这使得城市大脑要发挥作用，就需要通过数字界面来驱动治理界面，并最终完成智能城市治理的任务和目标。

当前，城市大脑主要是通过智能感知、全面预警、AI 替代决策、系统数据整合、专家系统辅助决策、业务协同、数字界面重构等方式来推动智能城市治理，从而提升城市治理绩效。做出决策的第一步是获取信息。人类受到生物属性的限制，不可能随时随地对环境进行感知并进行预警。但是，通过引入物联网和人工智能，就可以实现对城市物理状态的智能感知，从而大大提升城市网络化智能治理水平。例如，通过安装智能监测系统，设定不同的参数，就可以实现对环境质量和环境状态的智能感知，并根据感知信息帮助人类实现注意力分配和决策启动。城市治理中面临很多难题，如治理城市中的违规行为。城市大脑的引入可以对城市治理赋能，提升决策效率和质量，这方面的典型案例就是杭州对医院附近停车问题的治理和海淀区对渣土车的治理。AI 替代决策则体现在城市交通大脑建设上，让 AI 算法来自动决定城市红绿灯的运行时间，从而提升整个城市的通行效率。建设城市大脑的一个重要内容是对数据进行整合，形成一个云数据平台，通过数据治理来驱动业务治理和提升治理绩效。大数据技术的引入，使得人类可以借助人工智能处理海量数据，通过数据处理来发现城市运行规律，并通过引入干预措施来改善治理绩效。专家系统辅助决策主要体现为各地正在尝试建立的数字驾驶舱，这也是技术赋能的直接体现，让决策者能够在全面掌握数据的情况下，依托人工智能辅助决策系统来提升决策质量。业务协同也是城市大脑提升城市治理绩效的重要路径。城市大脑要实现数据整合，就需要针对业务进行协同。以业务协同来提升治理绩效，通过数据整合来促进业务协同，实现技术和业务双轮驱动推动智能城市治理。建构面向不同群体的数字界面，并形成一个整合性数字界面，也是城市大脑提升智能城市治理水平的重要手段和方式。

八、协同性原理：城市大脑如何实现数据、业务、组织和技术协同?

城市大脑作为一个复杂系统，涉及很多不同的子系统和构成要素，要使得城市大脑真正有智能和智慧，就需要实现不同子系统和要素之间的协同。这构成了城市大脑和智能城市治理的第六大设计原理。协同性作为城市大脑的设计原理，主要是由城市大脑的系统性、跨地域性、跨层次性、跨部门性、复杂性、不确定性和动态性等特征决定的。事实上，城市大脑的建设、运营、维护和保障都需要通过协同来实现城市大脑智能性的目标。从这个意义上看，城市大脑本身是一种制度性集体行动，它涉及不同层级、领域和系统的政府部门协同，也涉及政府与企业的协同，更涉及数据、业务与技术的协同①。与一般性的政府部门间协同相比，城市大脑涉及部门间、政府间协同，它是一种全方位协同，更是一种系统性和实时性协同，体现了整体性政府从理念转化为现实的过程②。

城市大脑的建设、运营、维护和保障都涉及政府和企业的协同，没有高科技企业的参与，城市大脑不可能取得进展。由于城市大脑本质上是技术驱动

---

① Ansell C，Gash A. Collaborative governance in theory and practice. Journal of public administration research and theory，2008，18 (4).

② Christensen T，Lægreid P. The whole-of-government approach to public sector reform. Public administration review，2007，67 (6).

的，尤其是依赖人工智能、大数据、区块链等新一代信息技术，而政府在技术方面通常不具备优势，因此在城市大脑的建设、运营、维护和保障等各个环节都需要与企业进行合作，利用企业的技术优势来解决智能治理难题。从当前城市大脑的建设看，新一代信息技术比较发达的城市往往率先开启城市大脑建设，如杭州城市大脑主要是依托阿里巴巴的技术，北京海淀区的城市大脑依托百度的技术，广东的数字政府建设依托腾讯的技术，这也形成了国内城市大脑建设的不同技术路径。政府与企业协同推进城市大脑建设时，面临的一个突出问题就是政府如何在建设中处于主导地位，从而避免企业对城市大脑建设的技术垄断。与此同时，政府还面临着一个选择，即到底是与一个企业全面合作来推进城市大脑整体建设，还是与很多企业合作形成城市大脑建设的生态系统。当与更多企业合作时，如何保障数据的安全，如何提升系统的整体智能水平，这些问题都需要政府在推进与企业协同合作时予以考虑。事实上，政府与企业在城市大脑上的协同与合作，并不限于单一环节和流程，而是涉及城市大脑的全生命周期。

城市大脑的建设、运营、维护和保障还涉及不同层级政府、不同政府部门之间的协同，它要求政府率先通过协同实现整体政府进而达到整体智治目标。不同层级政府和不同类型部门掌握不同数据，对于城市大脑建设有不同需求，而城市大脑本身需要集体行动，这也使得政府间、部门间的集体行动需要强有力的机制来推动。事实上，一旦城市大脑所涉及的数据和业务涉及垂直管理部门，就涉及中央与地方之间的关系，需要通过中央与地方的协同来推进城市大脑的整体规划和统筹协同。要推进不同层级政府、不同政府部门之间的协同，可以通过数据、业务、事件和公众等多条路径展开。数据驱动的协同涉及数据的聚集，避免数据孤岛，通过数据开放与共享来促进治理协同，从而提升智能治理水平。业务和事件驱动的协同涉及围绕办好一件事、处理一项业务，推动层级间、部门间协同。而公众驱动的协同则涉及从公众需求出发，根据公众需求来推动政府部门和层级再造，形成整体性政府面向公众一体化需求，提升智能服务水平。

城市大脑的建设、运营、维护和保障更涉及数据、技术与业务协同，其本质上是人工智能与公共治理协同，这既是城市大脑建设的目标，也是智能城市治理的内在含义。数据是城市大脑得以运行的原材料，没有数据支撑，城市大脑就是无源之水、无本之木。这也是各地纷纷成立大数据局来推动数据整合的原因。技术涉及如何使用人工智能来处理海量数据，克服人类计算能力的局限。大数据技术和人工智能的发展提供了有力的技术支持，算法和机器学习提升了人类发现问题和解决问题的能力。业务则涉及使用数据与技术促进问题解决的情景，没有应用场景，数据和技术都是空中楼阁，这也是各地在建设城市大脑时提出应用场景建设的意义所在。只有数据、技术和业务三者协同，智能城市治理才能够真正开启，使智慧城市从理念走向现实①。但是无论是数据、技术还是业务，都有其自身逻辑，要实现三者协同，对城市大脑而言是一个重大的挑战。

九、演化性原理：城市大脑会随着时间更替而变得更智能吗？

智慧的概念本身就处于一个动态演化和不断迭代的过程中，这使得城市大脑的智能性和智慧化会受到历史进程的影响。正是因为智慧的历史性，人类可以通过对过去经验的学习和反思来提升未来决策能力，历史学常常是智慧和智能得以提升的重要学科和知识来源。组织理论研究者常常将组织学习与组织智慧联系在一起，通过组织学习提升组织智慧水平。人类智慧演进的一般规律也同样适用于人工智能的智慧演进过程。事实上，机器学习就体现了演化的思想，人工智能通过不断的训练来提升智能水平，数据、案例、经验等构成了人工智能进行学习的材料。随着人工智能应用场景不断丰富，它积累的算法和模型越来越多，这也会进一步增长其解决问题的智慧。同样，城市大脑建设主体增多，会形成一个城市大脑生态系统，不同城市大脑可以在其中相互学习、竞争和合作，城市大脑的智慧水平也在这一过程中得到提升。当然，如果缺乏足够的学习能力，即便经历更多的时间和历史进程，城市大脑的智慧水平也不一定提升。对此，我们可以总结形成城市大脑的第七个设计原理，即学习和经验可以提升城市大脑的智能水平。

城市大脑的智慧演进可以体现为系统智慧提升和要素智慧提升两个方面。前者是智慧范式迭代，后者是智慧增量改进。从前述城市大脑数字界面和内部结构可以看出，城市大脑是一个超级复杂的系统，这一复杂系统其实同时面临着智慧保持和智慧增加的挑战。从博弈论的视角看，人类具有自主性和学习性，一些治理措施可能在初期有效，但随着人类知识的增进并采取策略性行为，这些措施可能会逐渐失效。这要求治理本身随着时间演进而不断升级，城

① Kingdon J W. Agendas, alternatives, and public policies. Boston: Little, Brown, 1984.

市大脑也是如此。以交通拥堵治理为例，一个地方的交通拥堵情况改善时，就会鼓励车辆通行，而这反过来会进一步恶化交通拥堵，这也是道路扩张并不能够减少交通拥堵的原因。要改变这种结果，就需要治理措施的智能演进，针对新问题进行智能升级。因此，人工智能如果不能够随着环境变化而进行适应性调整，就不仅不会智能升级，反而可能导致智能退化。改进人工智能的智慧水平，可以从要素出发，提升不同场景和不同层级的智能水平，也可以从系统出发，提升整个城市大脑“中枢”的水平，这是城市大脑自身的迭代升级。一般而言，城市大脑的智慧水平大幅度提升还依赖系统层面的范式提升，只有这样才能够实现智慧从一个层级向另一个层级跃进。

中国从推进电子政务，到发展“互联网＋政务服务”，再到加强智慧城市建设以及当前的城市大脑和数字化转型，体现了利用信息技术改进城市治理的演进过程。应该说，智慧城市概念的提出，以城市大脑作为主体推进智慧城市建设，超大城市治理全面数字化转型，以及整体智治的系统规划，都体现了智能城市治理的演进。没有此前智慧城市建设的经验积累，就不可能有后期的城市大脑系统理念的提出和超大城市治理数字化转型的全面推进。当然，城市大脑智慧演进也受到人工智能、大数据、区块链等新一代信息技术快速发展的影响。

杭州城市大脑的演进过程也体现了智能和智慧演进过程，这也说明城市大脑不可能一蹴而就，它需要历史积累和时间积淀。杭州城市大脑建设从2016年启动，先后经历了“治堵”、“治城”、“抗疫”和“整体智治”等阶段，这是城市大脑的自身演进过程。杭州城市大脑从“治堵”开始，首先解决交通拥堵问题，大幅度降低交通拥堵指数，形成了城市大脑的正反馈。正是城市大脑在交通领域的成功应用，使得城市大脑与整个城市治理结合，开始了城市治理的智能化转型。杭州城市大脑“治城”的过程表现为城市大脑智慧的整体升级，其中一个最突出的表现是加强规划性，并且开始强调跨系统、跨层级、跨部门的联动解决。针对突发的新冠疫情，杭州的城市大脑通过开发“健康码”，实现了城市大脑对应急治理的兼容，实现常态治理和应急治理同步推进。随着《杭州城市大脑赋能城市治理促进条例》的发布，杭州城市大脑正在向“整体智治”迈进，使得城市治理更聪明、更智慧。

十、评价性原理：城市大脑的智能性可以评价吗?

城市大脑的目标是实现智能城市治理，并且从理论上也可以证明城市大脑具有智能性，那么实际的城市大脑是否能够达到预期效果？对这一问题的回答涉及城市大脑与智能城市治理的评价性原理，也与对人工智能的评估联系在一起。在讨论人工智能的评估问题时，西蒙提出对人工智能的评估需要考虑人工智能自身的目标，这与评估理论的内在逻辑一致①。西蒙将人工智能的目标区分为仿真人类智能、设计专家系统、扩展理论和提升设计过程。我们需要对这些目标设定不同的评估重点和方法。对于仿真人类智能的人工智能评估而言，评估者只需要看设计的系统是否具有和人类同样的智慧，这本身是在证明人工智能具有智能性。而对于设计专家系统的人工智能评估而言，我们需要比较专家系统的绩效和人类绩效，以此为基础来判断专家系统的效果。对于扩展理论的人工智能评估而言，我们需要评价理论是否有利于提升人工智能的智能性。对于提升设计过程的人工智能而言，我们则需要看基于人工智能的设计过程是否比原有的设计过程有更高水平。

对城市大脑的智能性评估比较接近西蒙所说的对设计专家系统的评估。西蒙曾经对此进行过专门讨论，他指出："就专家系统而言，对一个特定设计的评估是非常务实的：新的系统是否比已有系统绩效更好，或者更有效率？"② 很显然，对专家系统进行绩效，我们需要选择评估标准，这些标准可以是人类绩效，也可以是某种标准性任务完成绩效，还可以是理论上的绩效上限。因此，就评估城市大脑的绩效而言，研究者可以引入研究设计的思想，通过对城市大脑的治理绩效与不同维度的治理绩效进行比较，讨论城市大脑的智能性和实际效果③。很显然，对城市大脑进行绩效评估，首先需要对其智能性进行评估，这也回应了可能性原理，即城市大脑具备智能性。在对智能性进行评估之后，还需要通过引入城市大脑实施前后对比、实施城市大脑和没有实施城市大脑的城市治理绩效对比、实施城市大脑的治理绩效与标准城市治理绩效对比等不同类型的研究设计，来建立城市大脑与城市治理绩效之间的因果关系。

除了对城市大脑与城市治理绩效之间的因果关系进行讨论之外，我们还可以设计城市大脑的绩效评价指标体系，对不同类型的城市大脑绩效进行测量，这和数字政府绩效评价具有类似性。通过建立城市大脑绩效评价指标体系，研

---

① Stufflebeam D L，Coryn C L. Evaluation theory，models，and applications. San Francisco：Jossey-Bass，2014.

② Simon H A. Artificial intelligence：an empirical science. Artificial intelligence，1995，77 (1).

③ Shadish W R，Cook T D，Campbell D T. Experimental and quasi-experimental designs for generalized causal inference. Boston：Houghton Mifflin，2002.

究者可以对不同地区的城市大脑绩效进行排序，从而实现对城市大脑自身建设效果的比较。此外，对城市大脑的评价还可以引入成本收益的维度，讨论城市大脑所提升的治理绩效在成本收益方面是否有价值，即通过城市大脑提升城市治理的智能性和绩效水平在经济上是否具有比较优势，建设同样类型的城市大脑是否有更为经济的手段。

十一、结论

城市大脑的提出和建设开启了智慧城市建设的第二波浪潮，也为智慧城市找到了实现的路径和手段。城市大脑、智能城市治理和智慧城市三者之间联系更加紧密，城市大脑成为智慧城市的自变量，智能城市治理成为智慧城市的因变量，这也使得智慧城市研究从理念走向经验科学。可以设想，随着更多城市和地区加入城市大脑建设行列，原有智慧城市建设逐步向城市大脑方向转型，城市大脑将成为智慧城市建设的新一轮驱动范式。而随着城市大脑从理念走向现实，中国超大城市的智能治理水平也将进一步提升，智能城市治理将会成为城市治理转型的另一个重要方向。

与城市大脑建设实践相比，对城市大脑的理论研究相对滞后，还缺乏统一的整体框架，也没有形成累积性的知识贡献。为此，我们基于数字化转型和界面治理理论，提出了一个研究城市大脑和智能城市治理的数字界面治理分析框架，认为城市大脑和城市治理数字化转型的实质是建立数字界面，核心是实现智能城市治理。基于数字界面治理理论，结合城市大脑的外部环境、数字界面、内部结构、智能治理目标等要素，我们提出了城市大脑和智能城市治理的八大设计原理，即可能性原理、交互性原理、形态性原理、结构性原理、路径性原理、协同性原理、演化性原理、评价性原理。这些原理既是指导城市大脑和智能城市治理的设计原则，也为关于城市大脑和智能城市治理的下一步研究指明了方向，为诊断和发现城市大脑与智能城市治理研究的问题提供了“启发法”，更是优化和提升城市大脑与智能城市治理水平的指南。未来，研究者可以围绕这些设计原理开展研究，提出具体的假设和命题，并进行实证检验，以形成城市大脑和智能城市治理的知识积累，并最终实现理论与实践的统一。

图书在版编目（CIP）数据

超大城市治理的北京探索 / 李文钊著. -- 北京：中国人民大学出版社，2024. 7
（新时代首都发展战略研究丛书 / 张东刚总主编）
ISBN 978-7-300-32806-5

Ⅰ. ①超… Ⅱ. ①李… Ⅲ. ①城市管理一研究一北京 Ⅳ. ①F299. 271

中国国家版本馆 CIP 数据核字（2024）第 094996 号

新时代首都发展战略研究丛书
总主编　张东刚
超大城市治理的北京探索
李文钊　著
Chaoda Chengshi Zhili de Beijing Tansuo

出版发行	中国人民大学出版社		
社　址	北京中关村大街 31 号	邮政编码	100080
电　话	010－62511242（总编室）		010－62511770（质管部）
	010－82501766（邮购部）		010－62514148（门市部）
	010－62515195（发行公司）		010－62515275（盗版举报）
网　址	http://www.crup.com.cn		
经　销	新华书店		
印　刷	唐山玺诚印务有限公司		
开　本	720 mm×1000 mm　1/16	版　次	2024 年 7 月第 1 版
印　张	11 插页 2	印　次	2025 年 3 月第 3 次印刷
字　数	183 000	定　价	38.00 元